松弛养娃，活出自己！

松弛养娃

育儿这条路，你不必追着跑

黛西 著

图书在版编目（CIP）数据

松弛养娃：育儿这条路，你不必追着跑 / 黛西著.
南宁：接力出版社，2025. 4. -- ISBN 978-7-5448
-9054-0

Ⅰ . G781

中国国家版本馆CIP数据核字第2025JU5722号

松弛养娃——育儿这条路，你不必追着跑
SONGCHI YANG WA——YU'ER ZHE TIAO LU, NI BUBI ZHUI ZHE PAO

责任编辑：郝娜　　文字编辑：汤箫僮　　美术编辑：马丽
责任校对：阮萍　　责任监印：郭紫楠
出版人：白冰　雷鸣
出版发行：接力出版社　　社址：广西南宁市园湖南路9号　　邮编：530022
电话：010-65546561（发行部）　　传真：010-65545210（发行部）
网址：http://www.jielibj.com　　电子邮箱：jieli@jielibook.com
经销：新华书店　　印制：北京瑞禾彩色印刷有限公司
开本：880毫米×1230毫米　1/32　　印张：7.625　　字数：146千字
版次：2025年4月第1版　　印次：2025年4月第1次印刷
印数：00 001－12 000册　　定价：59.00元

版权所有　侵权必究

质量服务承诺：如发现缺页、错页、倒装等印装质量问题，可直接联系本社调换。
服务电话：010-65545440

序言

以前，我总是在赶路。

赶着上课，赶着上班，步履匆匆地穿梭在人群里，不愿浪费哪怕一秒钟。

但自从有了女儿饼饼，我突然发现节奏被打乱了。

有时候，我牵着她的手，沿着公园的小路散步，我可以停下十分钟，陪她看落叶从头顶旋转着掉下来。

但有时候，我又忍不住催她，快点、快点！来不及了！

育儿这条路，何尝不也是这样——一边想要陪孩子看细水长流，一边又担心走太慢了会落后。

所以是该慢下来，任他们尽情体验当下，还是该快一点儿，确保他们不被落下？

尤其是当身边的人都在奋力奔跑，"你追我赶"似乎成了父母们的默契——几岁要学什么，几岁要会什么，这些问题仿佛总有一个标准答案。

后来，我开始思考，真的是这样吗？教育的意义，难道是让孩子跑得快吗？人生真的有标准答案吗？

尤其在今天这个时代，知识获取的成本越来越低，孩子真正需要的是什么？我们究竟应该成为什么样的父母？

我的答案都是：松弛。

我认为这两个字，是一个家庭可以给孩子最好的礼物，甚至是伴随他们一生的底气。

这就是这本书的起点。

我说的"松弛养娃"，不是对孩子的教育不管不顾，而是关注一些人生底层的、向内求的东西。

具体有哪些呢？

比如，在自由和边界之间寻找平衡。

当孩子在社交中发生矛盾冲突，父母不是急着站出来评判谁对谁错，而是鼓励孩子表达自己的感受，自主寻找解决方案。

比如，在顺应天性中塑造人格。

当孩子对不喜欢的事物说"不"，我们不是埋怨他们太自我，而是庆幸他们学会了建立自己的边界。

又比如，在"放手"的过程中培养自驱力。

当孩子放空发呆，父母不是着急塞满他们的时间表，而是允许他们无聊，允许"留白"，因为成长并不会发生在密密麻麻的计划表中，只能萌发于内心的热爱。

"松弛养娃"不是"躺平"，而是在喧嚣的环境中，找到孩子自己的成长节奏，让花成花，让树成树。

六年来，我把这些育儿理念写成了上千篇文章，分享在了我的微信公众号"天赋一饼"上，这本书是对我育儿观的提炼和梳理。

如果你也在"躺"和"卷"之间"仰卧起坐"，如果你也站在"追"和"不追"的十字路口感到迷茫，请把这本书放在枕边或包里，让它每天陪你五分钟。

希望你每次打开书，都能收获一些育儿的新视角。

希望你每次合上书，心里都有一个声音变得更笃定——养娃，真的可以松弛一些。

孩子总会长大的，你的"松弛感"会让他们长得更好。

黛西

目录 CONTENTS

第一章 "他乡童年"教给我的松弛感

Part1 教育中的自由与边界

1 松弛的皮克勒教育理念　　　　　　　　3
2 面对欺负人的孩子　　　　　　　　　　9
3 面对行为越界的孩子　　　　　　　　　13
4 让孩子有"自我兜底"的勇气　　　　　19
5 让孩子有直面冲突的勇气　　　　　　　23

Part2 教育中的人格塑造

6 感恩：每一天都值得认真过　　　　　　27
7 尊重：最好的夸奖是"谢谢"　　　　　29
8 礼貌：不教礼貌却胜过教　　　　　　　31
9 多元文化：你和我是不同的　　　　　　35
10 鼓励：夸孩子也有技巧　　　　　　　　37
11 高自尊：我的感受很重要　　　　　　　42

12 交友：孩子的世界另有规则　　　　　　　　44

13 校规：教育的另一种模样　　　　　　　　47

第二章　松弛感让我们真正地看见孩子

Part3　天性自由：性格无须被改变

14 当内向孩子被要求外向一点儿　　　　　　53

15 当孩子"胆小不独立"　　　　　　　　　　59

16 当孩子是个"小跟班儿"　　　　　　　　　66

Part4　情绪自由：包容孩子的"坏情绪"

17 当孩子说他不快乐　　　　　　　　　　　　71

18 当孩子总发无名火　　　　　　　　　　　　76

19 当孩子一输就翻脸　　　　　　　　　　　　81

20 当孩子为了一只死虫子伤心　　　　　　　　84

21 当孩子在家大喊无聊　　　　　　　　　　　89

Part5　行为自由：每个"问题行为"背后都有理由

22 当孩子学会放狠话　　　　　　　　　　　　95

23 当孩子开始说谎话　　　　　　　　　　　　98

24 当孩子不好好说话哼哼唧唧　　　　　　　100

25 当孩子嗜糖如命　　　　　　　　　　　105
26 当孩子把别人的东西悄悄拿回家　　　　109
27 当孩子总爱吹牛　　　　　　　　　　　113

Part6 第六部分　说"不"的自由：身体和心灵都有底线

28 性教育第一课：建立身体边界　　　　　117
29 不教"打回去"，但也不好惹　　　　　127
30 善良但也有锋芒　　　　　　　　　　　130
31 不喜欢我，是你的权利　　　　　　　　135
32 高自尊不等于"怼回去"　　　　　　　140
33 "没做到"也有很多意义　　　　　　　146

Part7 第七部分　社交自由：孩子总要去面对"人情冷暖"

34 当孩子被排挤孤立　　　　　　　　　　151
35 当最好的朋友被抢走了　　　　　　　　156
36 当孩子在外面和别人抢滑梯　　　　　　162
37 当孩子被同学起侮辱性外号　　　　　　165
38 当孩子总喜欢控制别人　　　　　　　　169
39 当"傻孩子"在外面总吃亏　　　　　　172

第三章　松弛感唤醒自驱力

Part8 第八部分　沟通：怎么说孩子愿意听

40　当孩子被同学骂"傻子"	177
41　当孩子害怕"床底下的怪兽"	181
42　当后果教育变成了"借题发挥"	190
43　当孩子要求父母道歉	194
44　当父母买不起孩子要的东西	196
45　当孩子被异性同学表白	200
46　当孩子担忧死亡	204

Part9 第九部分　放权：怎么养出松弛的孩子

47　为什么不要做"直升机父母"？	211
48　为什么放权后，孩子反而更自律？	214
49　为什么爱会变成孩子的压力？	217
50　为什么越唠叨，孩子越不听？	220
51　什么是我的育儿优先级？	225
52　孩子终其一生追求的东西	229

第一章 『他乡童年』教给我的松弛感

我的女儿饼饼在德国上了幼儿园，现在进入了德国小学。

不同于英美的"精英教育"，德国的学前教育和基础教育更加松弛和自由，尊重个体的不同，重视人格的塑造。

回顾这些年，在与幼儿园和学校老师沟通交流的过程中，我常常被德式育儿理念感染和启发，希望把这些分享给更多中国的父母朋友。

Part 1 第一部分
教育中的自由与边界

1 松弛的皮克勒教育理念

在女儿饼饼的幼儿园里,老师会尽量让孩子们去户外活动,在大自然里探索发现。于是就有朋友问我:"饼饼上的是'华德福'幼儿园吗?"我曾提到,在女儿的幼儿园,老师是不会让孩子玩"声光电"玩具的,并且每个玩具都有自己的位置。于是又有朋友问我:"饼饼上的是'蒙台梭利'幼儿园吗?"这样的声音听多了,我感到很无奈。什么时候探索自然成了华德福的专属?什么时候培养秩序感成了蒙台梭利的专用词?难道幼儿园非得有个"姓氏",才能拥有一些让人期待的特质吗?普通幼儿园不可以

松弛养娃——育儿这条路，你不必追着跑

尊重孩子，培养秩序感，带领孩子探索自然吗？

有段时间我对蒙台梭利很着迷，和很多人一样，最开始是被它丰富的教具和各种就地取材的玩法吸引。但是，了解得越多，我越看到它的局限性和不适合女儿的地方。饼饼的幼儿园所遵循的理念，不姓"华"，不姓"蒙"，也不姓"欧"，但它还真有个"姓氏"。尽管它在德国幼教界很受欢迎，但是很多人都没听过这个"姓氏"，就连在它的流行地德国，它也很少被家长所熟知——它就是"*皮克勒教育理念*"。我了解过我家附近的几所幼儿园，竟然都在用它作为指导性理念。我原本以为，这个理念一定是德国的"特产"，不然不会在德国这么受欢迎。但是深入了解后我才知道，这个理念的创始人皮克勒博士，是出生在奥地利的匈牙利人。真是墙内开花墙外香啊！皮克勒也是儿科医生，她不满意当时的主流育儿方法，便自创了一套理念，首先用在自己的孩子身上。她发现按照她自创的理念养育出来的孩子更加独立、平和。皮克勒发现了自己的过人之处后，建立了福利院，专门接收战后孤儿，并由此创立了"皮克勒教育理念"，成功转型为教育学家。

"皮克勒教育理念"遵循以下几个核心原则：

原则一：投入情感的护理

现在人们的时间太紧张了，恨不得每一分钟都掰成两半用，人人都是处理多线程任务的好手：一边喂奶一边看手机，一边给孩子换尿布一边跟人聊天。这样的陪伴方式没有投入情感。皮克勒说得更直接——处理多线程任务这个了不起的本事，如果用在护理和陪伴孩子上，就成了对他们的不尊重。

　　皮克勒不赞成把"护理"和"玩耍"（亲子互动）分割看待。饼饼在小月龄的时候，我也曾经为此郁闷。每天都要经历喂奶、换尿布和哄睡的几个循环，我好像机器一样不停地在运转，只顾着完成推到面前的任务，然后等着下一个任务的到来，完全没有亲子互动的时间。后来我想通了，为什么非要等到喂奶、换尿布这些护理琐事全部完成后才能互动呢？我不能在喂奶的时候全神贯注地跟她进行目光交流吗？我不能在换尿布的时候播一首儿歌，一边换尿布一边学鸡叫逗她开心吗？

　　皮克勒认为，生活护理的过程本身就是增进亲子关系的互动方式，我们要投入情感，好好利用这个机会。 例如，喊10月龄的孩子过来洗澡，他快速爬向澡盆，眼看就要到了却又折返回去。这时成人可能会有两种反应。第一种，催促他："快点啊！来洗澡了！水要凉了！听见没？"这种方式是把洗澡当成任务，那么可能得到的结果是孩子完全听不进去大人说的话。第二种，假装一副被他戏弄的样子，用夸张的语气说："哎呀，你竟然中途溜走啦，我要去抓你啦！"这种方式是把洗澡当成亲子互动，那么可能得

松弛养娃——育儿这条路，你不必追着跑

到的结果是孩子的大笑和配合。

原则二：尊重是具体的

皮克勒强调，我们不应该把孩子当作做事的对象，而应该跟他们一起做事。就算在婴儿期的日常护理中，孩子也应该是积极的参与者，而非被动的接受者。想要暗中观察一个老师是否尊重孩子，其中一个细节就是，当要给孩子换尿布时，看老师是二话不说上来就换，还是先向孩子解释将要发生什么，等孩子有回应后，再跟他一起行动。当孩子明确表达了自己的感受，不管是在肢体上还是语言上，我们都应该尊重孩子发出的信号。例如，当我们把食物递到不到1岁的孩子面前时，他扭过头去，这就是一个明确的"我不想吃"或者"我不饿"的信号。虽然孩子还不会说话，但我们也不要继续哄他或逼他多吃一口。这就是皮克勒说的，让孩子参与到我们的照料中来，他们能感受到尊重与信任，学习独立与社交技能，感受到自己是有能力和有价值的。千万不要误解，尊重孩子的感受不代表他们可以为所欲为。我们有义务给孩子划清明确的行为界限，并且坚守底线。溺爱不是爱，溺爱等同于默认孩子的能力不足，无法遵守规则——这是变相的不尊重。

原则三：不打扰玩耍

我们上学时可能写过这样一篇作文——《有意义的一天》。什么是有意义呢？按照我们的逻辑，那一天一定是发生了什么特殊的事情，或者过得特别丰富多彩，才算得上有意义。有了孩子以后，我们喜欢把这个逻辑用到孩子身上，好像孩子的玩耍时间必须要被安排得满满登登的，一个活动接着一个活动，一个游戏接着一个游戏，才叫丰富而有意义。皮克勒认为，如果在孩子玩耍的过程中我们给予了过多的帮助，这对孩子的发展反倒是一种阻碍。孩子在不受打扰地玩耍时，探索和学习就已经发生了。他们会洞察周边的信息，从中获得能力及认知上的发展。但这不代表我们要放弃互动。在孩子独立玩耍的时候，我们应该做一个观察者，捕捉他们邀请我们加入的信号。我们不仅不要打扰他们，还要特意给他们"留白"，即给他们安排自由活动的时间。在这段时间里，他们有权决定自己玩什么，从而掌握处理无聊时光的能力，还会发现很多我们想不到的新玩法。

原则四：不加速干预发展

每当身边有妈妈因为孩子的大运动发育迟缓而焦虑时，我都会微微一笑。说起孩子的大运动，我没见过这方面发育比饼饼还慢的孩子。饼饼快3月龄的时候才能抬头，快10月龄的时候才能

松弛养娃——育儿这条路，你不必追着跑

自己坐起来。当同龄的孩子已经开始满屋跑时，饼饼还在执着地匍匐爬行，直到13月龄后，才换成用四肢爬。爬了好几个月，饼饼终于决定扶着家具开始"巡航"，这时她已经1岁半了。有人告诉我，孩子一旦会扶着走，很快就会独立走了，但这个"很快"我等了三个月。这么晚孩子还不会走，不考虑采取一些措施来促使她快点成长吗？在饼饼1岁半以前，我完全没想过，但1岁半后，我有点儿坐不住了。我问德国的儿科医生："我的孩子还不会走路，我看到网上说有可能是肌张力不行，会不会有问题？"儿科医生笑着说："你可以设计一些激发她走路兴趣的小游戏，多带她去宽敞的地方，给她提供练习的机会。但是不要干预，不要训练，不要向上拉着走，不要用学步车，更不要担心。"

儿科医生的主张很好地诠释了皮克勒的核心理念：**当孩子不会翻身、爬、坐、站、走的时候，大人不要去辅助他，而应该提供大量的机会让他去练习，感受如何控制自己的身体**。虽然只是几个动作，但是孩子从这个过程中可以学会克服困难和解决问题，并从成功中获得喜悦和满足——这都是他自己努力的结果。皮克勒不鼓励把孩子困在儿童高椅、学步车、围栏等限制性设备里面。遵循"皮克勒教育理念"的幼儿园里会有特制的低矮餐桌和椅子，饼饼还不会走的时候就可以独立爬上椅子自己坐好。

每一种教育理念都有它的局限性，在实践中都不可能达到完全理想的状态，但皮克勒提出的这几个原则让我很受启发，希望也能对更多家长有所帮助。

2 面对欺负人的孩子

饼饼1岁半的时候，有一天，我去幼儿园接孩子，刚一进门，就看到一个2岁多的男孩骑着木质小车，试图用车轮轧饼饼的手指，我顿时气得头皮发麻！当时饼饼还不会走，满地爬的她没有能力反抗，也不懂得大喊求助老师，只是快速向前爬了几步，靠在墙边躲着他，眼神里都是惊恐和厌恶。男孩不罢休，骑车追过去，继续用车轮撞她的脚趾。我立马冲过去，抱起无助的饼饼，恨不得把那个男孩拖下车来揍一顿。如果我晚到了一分钟会怎么样？如果饼饼没有及时躲开会怎么样？连车带人几十斤的重量，压到1岁多孩子的手指上，我想想就脊背发凉，心慌气短。如果我没记错的话，几天前我还看到这个男孩追着饼饼扯她的头发。这些是我看到的，我没看到的时候，还不知道他怎么欺负饼饼呢！为此，我去找幼儿园老师谈话，去找男孩家长交涉。

男孩的妈妈非常震惊，她说儿子平时性格温和，待人友善。他们一家刚从西班牙搬来德国，男孩德语说得不好，在和别人说

松弛养娃——育儿这条路，你不必追着跑

话时甚至有点儿胆怯，她不敢相信自己的孩子竟然会欺负人。她狠狠教训了男孩，让他保证以后不可以撞人，不可以扯别人头发，也不可以打人或推人，并让他向饼饼道歉。男孩眼睛里含着泪点点头，没说话。这事就这么过去了，没想到，男孩后来竟然成了饼饼最好的朋友，也是饼饼的"小迷哥"。

我去接孩子的时候，经常看到他陪在饼饼旁边，摘小花小草送给她。饼饼一个人爬上大滑梯时，他就守在后面，像在保护她一样。后来，饼饼升大班时有点儿闹情绪，那个男孩又凑过来，指了指自己T恤上的皮卡丘图案，学皮卡丘的动作，逗饼饼开心。其实，男孩现在这样并不是被妈妈和幼儿园老师教训的结果，而是他本来就很喜欢饼饼。以前他骑车撞她，扯她头发，时不时推她一把，打她一下，都是在表达"我想和你玩"。

那一次我去找幼儿园老师谈话，指责男孩故意伤人，老师一脸微笑地说："这么大的孩子，根本还不会'故意欺负人'，他们的大脑还没发育到这么高级的程度。他们不明原因地打人、推人、撞人，很有可能是想表达'我喜欢你，我想和你玩，理理我吧'。"当时我觉得她是在和稀泥，现在我信了。

即便不是故意的，也不能不管吧。毕竟被打、被推、被撞时孩子也可能受到伤害。原来，德国幼儿园的老师不是不管，而是有"另类"管教法。

刚上幼儿园时，饼饼学会了几句德语，其中除了有经常表达的"不要""谢谢""再见""更多（食物）"，还有**"轻轻地"**。

一开始我很纳闷儿，为什么要说"轻轻地"？后来我知道了，这是老师对一两岁小孩儿说的日常用语。当有孩子打人、推人的时候，老师会告诉他们如何友善地接近对方，表达"我想和你玩"。

一两岁的小孩儿不管对东西还是对人感兴趣，都是从"拍一拍"开始的。

拍一拍，看看会发生什么？

拍一拍，看看对方会不会跳起来？

拍轻了，对方会觉得同伴在抚摸自己，心里暖暖的。

拍重了，对方会觉得同伴太"坏"了，竟然打人！

针对孩子的"没轻没重"，我们能做的就是用动作告诉他，什么是合适的表达方式——如果想引起对方的注意，可以轻轻拍——然后再给孩子做个示范。

孩子很可能不会立刻按照我们所教的那么做，还会继续"打"，但是他总会有知道轻重的那一天，我们现在所做的这一切都是在为"那一天"做铺垫。

对于语言理解能力到位的孩子，我们还可以告诉他，除了"拍一拍"，还有更多表达喜爱的方式。如果想接近自己喜欢的人，可以跟他一起玩过家家，可以跟他一起玩沙子，可以捡树叶送给

松弛养娃——育儿这条路，你不必追着跑

他，而不是推他、撞他、薅他头发。

世界是复杂的，我们大人总是试图使问题简单化和程序化，希望找到一个看似逻辑正确的模式套进去，迅速分析孩子的行为及其原因，解决孩子的所有问题。很多时候，我们分析错了整件事的前因后果。"暴力"不一定是"坏"，眼见不一定为实。也许我们的心已不再单纯，配不上揣摩孩子的世界。

两三岁的孩子又属于另一种情况。这个阶段的孩子开始有自我意识，物权意识已经初步形成，会为了抢东西、夺回东西，或因夺不回后恼羞成怒，而做出"暴力行为"。尤其是3岁以后，孩子开始对身体边界敏感——所有未经他允许的靠近都是不怀好意的。碰到他，打了他（或疑似打了他），走进他用意识划定的地盘内，都可能触发他的应激反应——暴力回击。

除了用"武力"解决问题，我们还能怎样教导孩子去应对呢？这就要指向一个核心思想：语言是很有力量的。语言很有力量，所以它可以替代打回去；语言很有力量，所以它可以取代朝别人吐口水；语言很有力量，所以它可以让对方走开；语言很有力量，所以它可以捍卫物权和"领地"。

告诉孩子大声说"不可以！""我不喜欢你这样做！""你走开！"。但只是制止还不够，**"不可以"后面一定要附加一个理由**。如果不想让谁做什么，或者不想让谁靠得太近，孩子可以说出来：

"我不喜欢你打我,因为我觉得很疼。"

3 面对行为越界的孩子

有一天,我去幼儿园接孩子,当时花园里只剩下几个孩子,饼饼在一个筐里找她的手工作品。这时候,班里一个5岁多的男孩朝我们走来。在我犀利的目光注视下,他抬手就摸饼饼的脸,摸完左边摸右边,一直摸……他的动作那么连贯、娴熟,没有丝毫犹豫,直接把我当空气!我认出了那个男孩。他就是饼饼之前提过的一个她不喜欢的孩子。每次跟我细数班里的好朋友,她都要特别强调一句"他不是我的朋友"。我悄悄观察饼饼,她面无表情,不表态、不说话也不反抗,甚至连半点反应都没有,继续在筐里翻她的东西,好像摸的不是她的脸一样。我看呆了,从没见过这么蹊跷的举止。男孩没头没尾,上来就摸别人脸,而且摸起来没完没了,旁边站个大人都不在意。更让我觉得蹊跷的是,一般情况下,如果别人对饼饼做了她不喜欢的事,她都会大喊"stop"(停止)呵退对方。但是这一次,她被不喜欢的孩子反复摸脸,竟然就这么由着他。

我努力克制自己的情绪,带饼饼从幼儿园出来后,我问她:

松弛养娃——育儿这条路，你不必追着跑

"刚才他那样摸你的脸，你有觉得不喜欢吗？"

饼饼大喊："我不喜欢！"

"你不喜欢，那为什么没有大声对他说stop呢？"

"我大声说过，可是他不听！"原来是这样啊，果然是"惯犯"。

"如果别人对你做了你不喜欢的事，你说stop对方也不听，你还有别的招儿吗？"

饼饼突然不说话了，好像要好好思考一下。

我忍不住提醒她："你可以说完stop就转身走开，这样他就摸不到了，是不是？或者你可以去找老师。"

饼饼打断我说："我也可以去找J（J是她的好朋友，一个高大的5岁男孩，在幼儿园经常照顾她）啊！老师不在班里的时候，我就去坐到J的旁边，他就不会来摸我了！"

"是啊，我怎么没想到J，如果J知道你不喜欢被摸脸，一定也会护着你的！"

没等我继续打听那个男孩，饼饼就拉着我玩别的了。她好像并没有像我一样介意这件事。当天晚上，我想到饼饼15月龄时就上幼儿园了，早就学会了那套自我防卫的话——"stop""不可以这样做，我不喜欢你这样"。我之前以为，这些"万能金句"足够她应付幼儿园里的那些事了，但我从来没有设想过一个场景：如果这些话都不起作用,她该怎么办?我猜测,她一直在"被摸脸—阻止—对方不听"中循环,最后选择了妥协。她表面上没有抗议,其实是屡次抗议无效。当我看到她被摸脸的时候,心里极度不适,尤其是那个动作,如果戴上成年人的"滤镜"看,甚至有点儿轻佻。我决定先不跟老师说,也没有找那个男孩的家长,尽管我经常在幼儿园门口遇见他的爸爸。

  这几年,我一直在努力纠正自己的育儿心态,就是发生了一些"不好"的事情时,也会告诉自己,家长的感受不那么重要,重要的是孩子的感受。孩子觉得不舒服,真的有家长想象的那么严重吗?常见的情况是,孩子确实觉得不舒服,但不舒服的程度可能只有三分,孩子只是当下觉得不开心,并没有被这种感受长期困扰。但是,家长的"滤镜"一戴上,不舒服的程度马上就变成了八分,家长觉得这件事不得了,一定要替孩子出口气。往后退一步,从家长的角色中抽身而出,换个视角观察这件事,我发现,饼饼虽然不喜欢被那个男孩摸脸,但是目前这件事并没有给她带来什么困扰,她每天还是高高兴兴地去幼儿园,如果我不提,她根本想不起这件事。于是,我做了一个艰难的决定:不插手,交给她自己处理。

  接下来的几天,我"跟踪采访"了饼饼。

  "那个男孩有没有再摸你的脸?"

松弛养娃——育儿这条路，你不必追着跑

"有！"

"那你有没有用咱们说的那些办法呢？"

"有的，我去找老师了。"

"老师说那个男孩了吗？"

"说了，但是他不听！"

"然后呢？"

"然后我就去找J玩了。"

"再然后呢？"

"他就不摸我了。"

"嗯，那太好了。"

"可是过一会儿他又过来摸我的脸！"

不知道是不是由于我的重视，饼饼也变得更介意这件事了。几天后的一个早上，饼饼突然说不想去幼儿园，我问她原因，她说："我不想那个男孩摸我的脸。"这一次，我决定去找老师聊聊。老师告诉我，那个男孩的行为确实有点儿特别，他刚来幼儿园的时候，还会推人和打人。幼儿园里当然不允许发生这种事。经过引导教育，他不打人了，改成摸脸。不止饼饼，班里好几个孩子都被他摸过脸，只是饼饼被摸脸的频率最高。老师也说不清楚原因，只能猜测他可能觉得饼饼可爱，想表示友好，或者因为饼饼是目前班里最小的孩子，更容易接近。老师也承认这不是一个正常的动作,但是因为他摸得很轻很轻,并不会弄疼对方,而且大部分孩子没有太大的反应,所以老师就默许了这个行为,把它视为一个特别的肢体接触方式,就像其他孩子正常表示友好的方式是拉手和拥抱,他是摸脸。不过,老师向我表示,之前没有干涉是因为,一来没有造成伤害,二来被摸的孩子并不那么介意。可现在情况不同了,这件事给饼饼造成了困扰,让她对幼儿园产生了排斥心理,那就不能不管了。我没有问具体怎么管,但我相信老师会处理好。

那天晚上,我又找时机"采访"饼饼。

"他今天有没有再摸你的脸?"

"有!早上一去就摸了!"

"啊?老师没有说他吗?"

"说了。"

"他这次听了吗?"

"没有!"

"啊?然后呢?"

"然后老师就把他拉到教室另外一边去了。"

"后来呢?他有再摸你的脸吗?"

"没有了。"

我心里清楚,老师的这个反应是非常高级别的重视。之前我

松弛养娃——育儿这条路，你不必追着跑

在幼儿园参加"家长开放日"时就发现，老师对孩子的不当行为的处理方式，都是划分等级的。一般抢玩具和闹小矛盾，老师会先给孩子自己解决问题的机会。如果解决不了，再拉两个孩子一起讨论，尽量让他们自己找到一个和解的办法。如果是比较恶劣的行为，比如故意推别人、用脚踢别人、拽别人的头发，老师会在口头阻止的同时，把"肇事者"拉到教室的另一边。注意，只是拉到一边，并不是让他面壁反思，也不是拉到一边去数落他，而且他可以随时回到其他孩子中间。**但这个非常坚定的肢体信号，比任何的口头阻止都更强大、更有冲击力。被拉到一边的孩子并没有受到其他惩罚，但就是这几秒钟的隔离，明确地表示了这个小集体不接受这种行为。**后来，连续几天，饼饼都说没有再被摸脸。之后我听代班老师说，那个男孩摸饼饼脸的事情，已经被写在了老师休息室的小黑板上（仅老师可以看），这样一来，就算代班老师替班，也知道这是一个需要被禁止的行为。

这件事就算解决了，起码不再困扰饼饼了。我又进一步强化了饼饼的心理防线，告诉她："就算老师不在班里，你也不用担心，因为我已经把这件事告诉了你的好朋友J，他现在也知道你不喜欢被摸脸。如果再发生，你阻止但那个男孩不听，J也会保护你。"饼饼不再抵触去幼儿园了，我终于松了一口气。

当出现问题时，直接让老师管，或者家长直接出面，看似是最高效的方法,但实际上剥夺了孩子学习解决问题的机会。如果这件事变得更棘手,并且对孩子造成困扰,那就不一样了。我会坚定地替她出头,用语言和行动告诉她:"你不是一个人,我会支持你,老师会帮你,你的朋友会保护你。"

我可以肯定地说,如果饼饼被摸脸自己却没反应,只有我觉得那个男孩的行为令我不舒服,让老师管一管,老师一定不会用这么郑重的方式处理。大人不舒服是大人的事情,孩子是独立的个体,家长不能代替孩子表达感受,更不应将自己的情绪状态强加于孩子。只有孩子自己觉得不舒服了,我们才需要将其视为一个问题,并给予关注和解决。

❹ 让孩子有"自我兜底"的勇气

要的就是麻烦啊!

我在幼儿园参加"家长开放日"期间,有一次早上九点多才到,通常这个时间小朋友都已经吃完早饭去撒欢儿了,而那天我进门时,大家才刚刚坐在饭桌旁。原来,有个小朋友把一个玻璃杯打碎了,老师担心有玻璃碴儿弄到桌子上,只能把所有食物全部扔掉,用吸尘器把桌面和地板都吸了几遍。厨师又重新准备了

松弛养娃——育儿这条路，你不必追着跑

早餐，前后折腾了半个多小时。在德国，很多幼儿园给一两岁的孩子用玻璃杯，这个事情我早有耳闻，借这次机会，我拉着老师问道："摔一个杯子那么麻烦，你们为什么要给孩子用玻璃杯，不锈钢的不是更好吗？"老师说："玻璃杯碎了是很麻烦，**但要的就是麻烦啊！**"她解释说："你有没有发现，孩子对真实世界特别感兴趣。这个年龄的孩子对自己充满信心，不甘心待在'幼儿的世界'里。所以当你用玻璃杯时，他们也希望跟你有同等的待遇。但是，真实的世界就是很麻烦啊！如果操作不当，就要承担相应的后果。杯子没拿稳就会摔碎，不是捡起来那么简单。现在他们目睹了一切后果：食物全部被扔掉，老师反复打扫，早饭时间推迟。原来摔碎一个杯子会带来这么多麻烦啊！这样以后不需要我提醒，他们也会注意轻拿轻放玻璃杯，潜移默化中培养了他们的责任感。"

原来是这个思路，说得一点儿也没错，真实世界哪有"容易"二字啊！

家长说了不算

有一天早上，一位妈妈送女儿来幼儿园。小姑娘可能刚睡醒不久，精神有点儿恍惚。妈妈放下女儿就急着走，看样子是在赶时间，走到门口，她嘱咐老师说："我女儿需要吃早饭，她今天起晚了，没来得及在家吃。"当时距早餐时间结束只有二十分钟，我以为老师会抓紧让小姑娘去吃早饭，然而她并没有。她走过来问女孩："你现在想吃东西吗？"女孩睡眼惺忪，皱着眉头，坚定地摇头。老师没再劝她，也没说"但你妈妈让你吃"这样的话，而是赞许她说："大姑娘了，有自己的主意！想吃的时候告诉我。"女孩坐在原地玩了十来分钟，老师提醒她："早餐时间马上结束了，你是想继续玩，还是去吃点东西？"女孩站起来，高高兴兴地自己跑去吃饭了。

我目睹全程后问老师："如果她坚持说不想吃呢？"

"不想吃就不吃啊！"

"如果换作是我，早上怎么也得给孩子吃点东西，毕竟要长身体。"

"跟少吃一顿饭比起来，我更尊重孩子的意愿。他们了解自己的感受，饿不饿，渴不渴，我们说了不算，孩子自己说了算。这也是让他们学着为自己的选择负责。"

教育的目的不是"不要摔碎杯子"，也不是"快吃早餐"，教育的目的是培育为自己负责的人。

当孩子摔倒了以后

我在幼儿园看到过一个2岁多的男孩，咣当一下踩到一个玩

松弛养娃——育儿这条路，你不必追着跑

具，摔倒了。他爬起来，正准备走开，一位老师看到这一幕，对他说：**"你发现了吗？"** 坐在一旁的我一头雾水，这老师讲话太奇怪了，小孩儿摔倒了，应该发现什么？老师接着说："你刚才摔倒了，你注意到发生了什么吗？"男孩开始跟着她回忆。老师继续说：**"你跑得很快，踩到一辆玩具小车，摔倒了。所以，以后走路请看好脚下，这样就不会被绊倒了。"**

小时候，姥姥看到我摔倒，一定会过来帮我解气，边假装打石头边说："坏石头，害我们摔倒，打它！"家里的桌子角、凳子腿、水缸以及花园的台阶，都因为我的磕磕碰碰"含冤"挨打。现在，女儿摔倒了，我竟也常常忍不住拍一下地面，替她出气。以前饼饼磕到碰到，我从来只关心她疼不疼、哪里疼，怪爸爸没看好，帮她吹吹，但我从来没帮她回忆过她到底是怎么摔倒的。

大部分时候，小朋友摔倒后整个人是蒙的，根本不知道发生了什么。老师的方式是引导男孩通过思考，琢磨明白他是怎么摔的，应该怎么避免类似的事情再次发生。觉察，反思，成为自己行为的负责人，而不是事情发生了先想着责怪别人。

❺ 让孩子有直面冲突的勇气

饼饼学校的墙上挂了一张德国小学给孩子的解决问题策略图，其中有一些老生常谈的策略，比如道歉请求原谅，大声喊"停"，寻求老师的帮助等，还有几个比较特别的、经常被忽视的策略。

表达感受

有任何不舒服的感受都可以说出来，负面情绪是可以被接纳的。这让我想起回国的时候发生的一件小事。当时我拖家带口去三亚度假，饼饼和四个老人在酒店的房间里玩游戏。饼饼输了，她一头扎进沙发，头埋在膝盖里假哭。哭是假的，难过是真的。四个老人轮番安慰她："不难过，有什么好难过的！赢了高兴，输了也要高兴！咱们要一直高高兴兴的！"我在边上听了哭笑不得。我逗他们说："那你们炒股赔钱的时候，高不高兴啊？"失望、伤心、沮丧，这是再正常不过的情绪了，如果难过不被允许，那么开心则没有意义。遇到难过的事情还要保持开心，不管发生什么都要高高兴兴的，这不叫情绪管理，反而让孩子不了解自己的情绪。**情绪管理绝不是让孩子"忍着不哭""一直快乐"，而是让孩子识别、理解、表达，进而调节自己的感受。接纳那些不好的感受，这也是管理情绪的前提。**表达感受不仅可以让别人更了解我

松弛养娃——育儿这条路,你不必追着跑

们,我们也可以更好地理解自己的感受,找到解决问题的方法。对于成年人来说,隐藏负面情绪可能是一种成熟的表现,所谓"喜形于色,厌藏于心",但其实我们也需要一个表达情绪的出口。隐藏起来的负面情绪从没有被消化掉,要不然为什么我们会常常说"成年人的崩溃就在一瞬间"呢?让成年人崩溃的不是那一瞬间,而是长期以来积压在心里的无数个瞬间。说出感受,告诉别人我很难过,我很伤心,我觉得受伤了,我很失望——这不是软弱,这是在疗愈自己。

传达"我信息"

发生了矛盾冲突,在描述问题的过程中,我们要尽量多用"我"做主语。表述我做了什么,我看到什么,我听到什么,我心里觉得怎么样——这些都是"我信息"。和"我信息"相对的是"你信息"。什么是"你信息"呢?拿我家发生的事举个例子。有一天晚上,我把饼饼房间的小地毯塞进洗衣机,洗了好长时间还没洗完,我就去看还剩几分钟可以洗完。洗衣机是新买的,我操作得不太熟练,还好洗衣机就一个按钮,于是我就按了一下,然后它重新启动了……饼饼爸爸闻声赶过来,说了三句话:

"你怎么用快速模式洗地毯呢?"

"你按这个按钮干什么啊?按触摸屏就行了!"

"你怎么用一千二百的转速？用一千六百的才能甩干啊！"

这样的"你信息"，除了让人感到被指责、被攻击，产生防御心理，忍不住反击，让矛盾升级，问题变得更难解决，起不到任何沟通作用。所以学校里贴的解决问题策略中，有一条就是**多用"我信息"**。比如，两个孩子说好放学一起去玩，一个孩子临时去不了，另一个孩子用"我信息"表达就是"计划突然取消了，我觉得很失望，因为我期待了很久"。同样的话换成"你信息"就成了"你说好了又不来，怎么回事呀？你太让我失望了"。这样一对比就能感受到，**"我信息"的重点在于表达我的感受和期望，让对方更明确地了解我是怎么想的，而不用去揣摩猜测。"你信息"的重点在于强调对方的行为带来的负面结果**。沟通的目的不是吵赢对方，"我信息"可以把讨论焦点放在问题本身。

无视与忽略

说实话，我看到这条策略的时候愣了一下，这也能被称作一种解决问题的方法吗？面对冲突发起者，孩子无视他，他万一以为孩子很好欺负呢？孩子忽略他，他万一越发得寸进尺呢？有一天晚上睡觉前，我跟饼饼读绘本故事的时候，我突然明白了"无视与忽略"的意思。绘本讲的是一个很古老的寓言故事：狐狸喜欢戏弄别人，请仙鹤来家里吃饭，用盘子盛汤给他。仙鹤的嘴又长又尖,喝不到盘子里的汤。于是仙鹤灵机一动,也请狐狸来家里吃饭。他用又窄又长的大水罐装食物,结果狐狸吃不到,饿着肚子回家了。读到狐狸被报复的结局,饼饼笑了一下,一耸肩说:

"其实仙鹤也不一定非得这样做。"

"啊?那你觉得应该怎么做呢?"

"仙鹤也可以直接忽略他,因为狐狸就是想看仙鹤生气着急,你不理他,忽视他,他就觉得没意思了!"

"那这样不会太便宜狐狸了吗?"

"不会啊!以后仙鹤也不会再相信狐狸了,狐狸失去了朋友的信任,这就是惩罚。"

"有人和你发生冲突,如果你忽略他,他觉得你好欺负,继续戏弄你呢?"

"再有第二次的话,我可能就要对他做同样的事情了。"

"你是觉得应该先给他一次机会,对吗?"

"也不是。"

"那是为什么呢?"

"因为我不想为惹我生气的人花费时间。我对他做同样的事情(报复对方)的时间,本来可以玩,可以做让自己高兴的事啊。"

我本以为是孩子比我们更宽容,原来是孩子比我们活得更通透啊!

Part 2 第二部分
教育中的人格塑造

⑥ 感恩：每一天都值得认真过

德国的感恩节在秋季，因为秋天总是会迎来丰收，人们感恩大地，感恩食物，感恩现在拥有的生活。我清楚地记得，感恩节前一周的某一天，我把水果给饼饼切好，饼饼突然很认真地说："妈妈，谢谢你每天给我切水果。"那是她第一次和我说这么"肉麻"的话，我一下子没反应过来。一开始，我以为这是受我的影响，我每天把"谢谢"挂在嘴边，耳濡目染，她也变得懂得感恩。

后来去饼饼的幼儿园观看了一次晨圈①，我才知道并非如此。

"感恩"是德国幼儿园整个秋天的重要课题。老师会在每天的晨圈上，让孩子们想一想，**有什么值得感谢的事情，鼓励他们表达自己的感谢。**那一次晨圈的主题是"丰收"，老师拿来了一大篮子蔬菜，逐个举起来问孩子们蔬菜的名称、颜色、吃法、味道和与蔬菜相关的谚语。老师问了一个问题："秋天是什么样的季节？"答案可以是"金色的季节""凉爽的季节""落叶的季节""伤感的季节""分手的季节"……而孩子们此时想到"秋天是丰收的季节"。老师说："是的，秋天是丰收的季节，也是感恩的季节。**我们这里，秋天果实丰收。而地球上不少地方的人吃不饱饭，我们生活的地方可以吃到充足的食物，应该对此心怀感恩。**"

除了这个互动问答，幼儿园每天晨圈的固定流程中，有一项是给厨房打电话。孩子们轮流负责，当然在打电话之前，老师都会和全班孩子一起做准备，商量要说的话。首先打招呼，说"你好"；然后说我是谁，来自哪个班；接着说信息，比如"今天有十四个孩子，其中三个是素食者"；最后说"谢谢你，再见"。老师特别强调，最后一步非常非常重要，这是我们人类文明的表达

---

① 晨圈：通常指的是幼儿园在早晨进行的一项集体活动，孩子们围成一个圆圈，通过共同的活动来建立连接、感受彼此的存在，旨在通过共同营造轻松温馨的气氛，帮助孩子们开始一天的学习和生活。

方式。

德国幼儿园的感恩教育,时常让我感触颇深。**对为我们付出劳动的人说"谢谢",对当下拥有的东西心怀感恩**,这是很多中年人穷尽半生都没能及格的一道人生课题。

❼ 尊重:最好的夸奖是"谢谢"

我刚来德国的时候,特别不习惯德国人的说话方式,一天下来听到一百次"谢谢",其中有六十次我不知道对方想谢我什么,有二十次我认为说"谢谢"的应该是我。我问室友借东西,归还东西的时候,她居然对我说"谢谢";我去助教办公室交作业,助教接过我的论文,居然对我说"谢谢";实习的时候,我和老板一起出差,老板路上问我是否介意他抽烟,我说"不介意",他居然对我说"谢谢"。当时我觉得德国人太客气了,过分客气就是虚伪,弄得别人都不知道应该怎么接话了。但是在德国生活了十几年后,我也习惯把"谢谢"挂在嘴边。饼饼上幼儿园后,我突然明白,他们说"谢谢"不是客气,不是虚伪,只是习惯了,因为他们从小就是在说"谢谢"的环境里长大的。

有一次,我参加饼饼幼儿园的"家长陪同体验课"。班里有个2岁多的女孩，喜欢啃手指甲、吐口水泡、掀裙子。老师每次看到便制止她，女孩也挺配合，只要老师一说，她就停止这些动作，但过一会儿又会重复做之前的动作。尽管这样，老师还是一直鼓励她，鼓励的方式不是说"真乖""好棒"，也不是说"真听话"，更不是说"奖励你一朵小红花"，**而是说"谢谢你，谢谢你配合我"**。

还有一次，我去接孩子的时候，在幼儿园的花园里看到一个男孩用力倚在一条警戒线上。当时花园一侧正在施工，所以围了起来。警戒线被他倚成了V字形，眼看就要绷断了。老师喊了几次，男孩都不知道是在喊他。我跟男孩示意了一下，说："老师喊你呢，让你别倚了。"男孩看了一眼老师所在的方向，马上离开了警戒线。按照传统的思路，老师可能批评他几句，或者在他离开时说一句"很好"，但我只听到老师说了一声"谢谢"。我以为老师是在对我说"谢谢"，谢谢我提醒了男孩。一再确认后，我发现他不是谢我，而是对男孩说"谢谢"。

老师当时对我说："想让孩子配合你，你就要站在孩子的角度想问题，**像对待成人一样讲道理**。当一个成人配合你做了什么，你一定会谢谢对方，为什么面对孩子就变成了一句不痛不痒的'很棒'呢？这就不叫'像对待成人一样讲道理'。"

见识了德国幼儿园老师和孩子的平等沟通方式后，我也改变了跟饼饼说话的习惯,*少一点儿敷衍的夸奖,多一些真诚的"谢谢"*。比如,我和饼饼爸爸都在忙,没时间照顾她时,如果饼饼可以自己在旁边玩,我会对她说"谢谢你等我""谢谢你的配合""谢谢你让妈妈把工作做完""你这么做对我很重要"。我明显感觉到,这比说"你好棒"让她更有成就感和价值感。孩子收拾好了玩具,在餐厅吃饭没有闹脾气,出门也很配合,我打电话的时候她安静地等我……这些小事都值得一声"谢谢"。当然了,夸"真棒"也没什么问题,但是,棒或不棒毕竟只是一个主观的评价,*而"谢谢"却会让孩子觉得,"我做这件事是有价值的,我这样做对他人很重要"*。

人都有一种心理叫作"利他心",孩子也不例外。虽然他们看上去擅长把事情搞得一团糟,但其实他们也很想让生活有条不紊,希望自己对他人"有用"。*感谢,就是满足孩子的利他心,让他们感受到自己的价值。*

⑧ 礼貌:不教礼貌却胜过教

每周一早上到幼儿园,饼饼都会经历一个"重启"的过程。具体表现是,她站在教室门口,一动不动,甚至眼睛都不眨一下。

她环顾四周，盯着每个孩子和老师观察一圈，有时还会盯着窗外，眉头紧锁，好像在思索她来幼儿园的意义。我非常理解她的这种行为，跟我的"星期一综合征"如出一辙。每周一早上，我坐在电脑前的那一刻，感到疲倦、头晕、胸闷、腹胀、食欲不振、周身酸痛、注意力不集中，同时有着严重的"手机依赖症"。

一个周一的早上，我送饼饼到幼儿园后，刚想出门，就看到一个快3岁的大女孩（饼饼当时在0—3岁的小班，3岁的孩子是班里的大女孩了）跑过来热情地喊她。我知道那女孩是想邀请她一起玩，混龄班有不少大孩子喜欢带小孩子玩，但是饼饼并不想。她的"重启"被打扰了，非常不高兴，对着女孩大吼一声："nein（不要）！"

女孩有点儿失望，站在那儿没动。饼饼又重复了一遍："nein！"说话的同时，饼饼胳膊向前伸直，掌心对着女孩，坚定地表示不让她靠近。我知道饼饼不是讨厌那个女孩，我来接她的时候常看到她们一起玩。只是那一刻，饼饼还没有进入状态，被人打断思路后，马上开启防御模式。女孩当然没那么了解饼饼，继续"热脸贴冷屁股"，又把手里的娃娃递给她。饼饼并不领情，毫不为娃娃所动。女孩不甘心，把娃娃硬塞进饼饼怀里。饼饼把她的手拨到一边，女孩手一松，娃娃掉到了地上，女孩委屈地哭了。饼饼一脸无辜，回头看向我。我觉得我得说点什么，但一时没想好怎么说。没过多久，老师走了过来。

老师告诉饼饼对方的好意，引导她如何礼貌回应。然后老师安慰女孩，说饼饼并没有恶意，循循善诱地充当两个孩子的"黏合剂"。她们听了老师的话之后冰释前嫌，愉快地一起玩耍了。以上都是我的想象！

现实是，老师蹲下来对女孩说："你想跟饼饼一起玩，是吗？但是她刚刚进教室，还没准备好呢。"然后，老师帮女孩捡起娃娃，递到她手里说："谢谢，但是饼饼似乎并不喜欢它。"仅此而已！女孩抱着娃娃在教室的软垫上坐下，看着饼饼。经过这么一折腾，饼饼也没心情发呆了，大概终于发现自己一直站在那里有多傻，便一溜小跑地扑向女孩。两人开始龇牙咧嘴地对着笑。

尽管结局是美好的，但是如果亲眼看到整个事件，我们的脑子里一定会想到下面三个看法中的至少一个：

① 心疼那个女孩。

② 饼饼真不友好。

③ 德国幼儿园老师怎么这样，都不教孩子懂礼貌。

在讨论"教孩子懂礼貌"之前，我们需要先对礼貌做一个界定。说实话，如果当时老师没上来解围，我酝酿出来的话极有可能是"姐姐给你娃娃呢，好有爱呀，快接过来呀"。仔细想想，我这是在教饼饼懂礼貌吗？礼貌等同于接受吗？拒绝就代表不礼貌吗？我之所以首先想到的是接受，是因为接受对方的好意确实是最方便的，看上去也是很有礼貌的行为。但我忽略了一点，如果我真的这么做，在接受女孩意愿的同时，也违背了饼饼的意愿——她不想别人靠近，她要自己一个人发呆。为了满足别人的意愿，宁可牺牲自己的意愿，这不是教孩子懂礼貌，也不是培养大格局，而是"讨好型人格如何养成"的实战举例。这就好像我生气了，我只想自己静一静，逛街买东西来解压。这时有一个人对我说，要带我去运动，运动会产生多巴胺，跑完一万米一定会非常快乐。难道我不接受就是不礼貌吗？

可能有人要说，我那么强调尊重孩子的感受，不怕孩子变得没礼貌、不友好吗？我还真不怎么担心。因为我发现，在德国的幼儿园里，比较"没礼貌"和"不友好"的通常都是小孩子，他们什么都不怕。而越是在幼儿园待得久的孩子，越是彬彬有礼。我相信这些不只是家庭教育的功劳。

德国幼儿园的老师也会"教孩子懂礼貌"吗？教，也不教。**老师从来不会跟孩子说"你要懂礼貌"，但时刻把"懂礼貌"落实在自己的行动上。**老师和孩子见面时会主动打招呼，和孩子告别时会说"再见"，周五放学的时候会说"周末愉快"，给孩子下达指令时会加"请"字，孩子配合帮忙时不吝啬说"谢谢"，甚至给孩子提供帮助前也要先询问"我可以帮助你吗？"。幼儿园里的孩子耳濡目染久了，也经常把"谢谢"和"请"挂在嘴边。

教孩子懂礼貌不需要提醒他们说"你好""再见"和叫"叔叔""阿姨"，不用告诉他们什么情况下要说"谢谢"和"请"，也不必读"懂礼貌绘本"，画"讲文明懂礼貌"手抄报。我们将期望孩子展现的礼貌特质转化为具体行动和礼貌用语后，自己先做到就足够了。孩子不在乎大人怎么说，他们只看大人怎么做，然后成为我们的镜子。

⑨ 多元文化：你和我是不同的

在饼饼的幼儿园里，大多数孩子都来自欧洲，亚洲孩子的数量少到用一只手就能数得过来，除此之外，还有一个深肤色的女孩。但是，幼儿园的布娃娃肤色分布比例却很均匀，有金发碧眼的，有黑发黑眼的，还有黑皮肤的。老师告诉我是特意这么选的娃娃，希望向孩子传达一个信息：世界是多样的，文化是多元的，人和人可以是非常不同的。

人类对自己种族的面孔更有好感。早在多年前就有研究指出，3月龄的婴儿已经开始偏爱自己种族的面孔。但是，这种偏爱只存在于那些生活环境中几乎都是同种族的婴儿中。如果婴儿的生活环境中频繁出现两个或多个种族，他们便不会偏爱自己种族的面孔。也就是说，从小接触多元文化或是接触多色人种，可以在一定程度上避免幼儿的种族主义倾向。

在饼饼的幼儿园，每周五都有一个以"我们是不同的"为主题的固定活动，外国家长来给孩子展示各国文化。比如，中国妈妈可以读中文绘本，韩国妈妈可以做泡菜饼，俄罗斯妈妈可以教孩子唱俄语儿歌。我作为中国妈妈的代表，被邀请去读中文绘本，所有孩子竟然全神贯注地听我读了二十分钟！

就连老师都没法儿解释这种陌生语言带来的吸引力，全程一边录像，一边摇头表示不敢相信。当时老师拍了所有孩子认真的脸，每个人都睁大眼睛盯着同一个方向。据说家长看到照片后，还以为孩子是在看动画片，不然真的很难相信他们会这么专注。也许这诠释了孩子对文化的包容和兴趣比成年人强得多。

德国幼儿园注重多元文化启蒙，让孩子从小知道这世界上不只有德国，还有很多肤色、语言、文化、饮食习惯、节日习俗等都不同的国家。希望孩子尊重他国文化，首先得了解他国文化。对于还不到3岁的孩子来说，地球仪都了解不了，怎么了解世界文化呢？最直接的方式就是让他们听各国语言，唱各国儿歌，吃各国食物，让他们从小感受世界之大，别做井底之蛙。

"见识世界和文化的多样性"这个课题也可以在家庭中进行。

我喜欢研究玩具，特别欣慰地看到，越来越多的品牌开始在设计中引入"文化包容"的理念。比如，我曾看到饼饼玩的一个拼搭玩具中，很多小人儿都是深色皮肤的。这些深色皮肤的小人儿通常都有一个体面的工作，如消防员、儿科医生等。很多玩具的设计者也在纠正职业选择中的性别偏见。比如，在这个玩具中，另一套消防车里的三个消防员，其中一个就是消防员阿姨。现实世界里，女性消防员的占比不到三分之一，德国的非裔比例也肯定不像玩具里展示的那么高，但这体现的是一个品牌的包容性和多元化。

在欧洲，越来越多的父母愿意为这种"没用"的理念买单，其实这才是真的睿智。我们总提倡培养孩子的格局，包容世界的不同，不就是最大的格局吗？在培养孩子成为"有用之材"之前，先做一个心胸开阔、有温度的人。

⑩ 鼓励：夸孩子也有技巧

德国幼儿园的老师夸孩子的思路经常让我感到一头雾水，比如下面这两句夸人的话。

"他不是聪明。"

我在饼饼的幼儿园待过一段时间。第一天我就发现,不管承不承认,孩子们的禀赋就是参差不齐的。有些孩子2岁半了,还在含含糊糊地说单词,有些孩子不到2岁,就开始说主谓宾结构的短句了。这都没什么,孩子各有各的发展时间表,太正常了。不过,有个男孩表现得特别突出。

吃早饭时,其他孩子都只顾着伸手向老师要食物,唯独那个男孩边吃边跟老师说:"昨天,我跟我妈妈做了一件好玩的事。"他开始描述他妈妈如何把一堆橙子剥皮、切块、去籽,扔进一台机器,按了一下按钮,轰轰轰几声,橙子就变成了果汁。这还没完,他还要让老师猜猜这台机器叫什么名字。老师一开始假装猜不中,猜了几个后问他:"难道是榨汁机?"男孩说:"终于猜对了!你知道榨汁机是怎么让橙子变成果汁的吗?"老师说:"我不知道。你妈妈有没有告诉你?"男孩说:"她倒是没告诉我,但是我看到榨汁机里面有几个片(刀片)转得飞快!"

我不敢相信一个不到3岁的孩子,可以凭记忆详细地还原整个榨汁过程,还能通过观察,猜测榨汁机的工作原理。接着,我又看到那个男孩让积木、磁力片齐上阵,搭建起一个有楼房、有街道、有汽车的完整的城市场景。

我忍不住跟老师夸他:"这孩子太聪明了!"老师没有附和我,

而是当着男孩的面对我说:"他不是聪明。他非常善于观察,所以才能记住榨汁的过程。他搭建城市,是通过积累,一点点进步的。他反复练习表达,所以能说这么复杂的句子。"

后来我私下问老师:"你真的不觉得那个男孩天赋异禀吗?"老师说:"我当然发现了,我只是不想让他认为他能做到这些靠的是聪明。"

当我们做了一件很厉害的事时,都喜欢跟别人分享成功的经验,认为自己靠的不是运气和天赋,而是努力和付出。孩子完成一件对他们来说不容易的事,大多靠的也是反复练习,只是我们可能没注意到他们努力的过程。没注意到也就算了,我们还经常喜欢把这一切归功于"聪明"或是"遗传了我的聪明基因",这无非是想借机鼓励他们。所以,积木搭得好是聪明,拼图玩得好是聪明,数学学得好是聪明,作文写得好也是聪明。这样的称赞听多了,孩子可能会产生两种想法:一是,我之所以会这些全靠聪明,跟是否努力没有关系,那以后是不是就不用努力了?二是,我付出的努力你们从来都看不到。

那些靠努力得到认可的孩子,当他们遇到挫折时,自然会想办法努力改变现状。而那些认为靠聪明就能完成事情的孩子,当他们遇到挫折时,很可能产生这样的心态:失败是因为我不够聪明,我有什么办法?这就是夸奖努力和聪明的区别。

"抢回玩具就是进步啊!"

有一次,我去幼儿园接饼饼。老师拉住我说:"饼饼今天有很大的进步!她当时在玩磁力片,一个小朋友走过来,从她手里把磁力片拿走了。饼饼大喊一声'meine'(我的),上去就抢了回来,奋力护住了磁力片。"

"就这样?"

"就这样。"

"所以饼饼的进步是什么?"

"**抢回玩具就是进步啊!** 从前她眼睁睁看着玩具被夺走,现在**她懂得维护自己的物权**,当别人夺走她手里的东西时,**她懂得向对方表明'这是我的!还给我!'**,这是太大的进步了。"

听了老师的夸奖,我脑子里浮现出经常听到的另一些声音:

"她还小,你让着她点。"

"你要跟人分享,别那么自私。"

"先让姐姐玩一会儿呗,反正你回家有的是机会玩。"

大人这样"无私",无非是想让对方家长和孩子觉得我们很有礼貌,我的孩子很懂事,我教育得还不错。我们想没想过,一个刚建立起自我意识的孩子,还没充分享受"我的"权利,就被急着要求把"我的"东西分享出去,他会是什么感受?

我发现幼儿园老师在处理矛盾时,经常用一个不破坏和谐的万用句型：

"你问过他吗？"

"你问过他吗？他愿意跟你一起玩吗？"

"你问过他吗？他愿意把玩具让给你玩一会儿吗？"

"你问过他吗？他愿意跟你分享吗？"

这个句型不仅适合教自己的孩子，用来教育别人家的孩子，也不会觉得过分。比如，我们带孩子挖沙子，别的大孩子来抢孩子的铲子，而我们的孩子因为年龄小，还没学会维护自己的物权，我们就可以替孩子问对方："这是他的玩具，你拿走时问过他吗？他愿意借你玩一会儿吗？"

一般情况下，对方孩子听到这样的话，要么礼貌询问可不可以借走玩具玩一会儿，要么直接放下玩具走人，极少有孩子会说"我就是拿了，你能把我怎样？"。

这个问法的妙处是，既不破坏和谐关系，也不存在"不好意思教育别人孩子"的顾虑，同时又把孩子的矛盾尽量留给孩子自己解决。两个孩子都会明白，以后他们从别人手里拿走东西前，要先问一问物主愿不愿意。我们的孩子也可以感受到，我们站在他这边，我们在乎他的感受，不会牺牲他的权利来满足别人。慢慢地，他自然会学我们的样子，维护自己的物权。

11 高自尊：我的感受很重要

在饼饼幼儿园的晨圈活动中，有一段时间曾经规定，孩子们之间必须间隔1.5米的距离。有一次，几个男孩聚在一起，老师安排他们换座位，一张口就让我心服口服："小A，我的建议是，你坐到那边去。"老师就是想让小A去空的地方坐着，但他没有用命令的口吻，而是说"我的建议是"。建议就是，你可以接受，也可以不接受，如果你不接受，我再跟你商量。这太客气了！别人可以建议我做什么，但我的意见也很重要，哪怕我没有意见，对方也不能不问我就直接做决定。这种对"被尊重"的需求，是根植在骨子里的。

饼饼在幼儿园小班时，有一次我看到两个小女孩合力搬一个小板凳，也不知道要搬去哪儿，特别开心。这时候，另一个小孩儿想加入她们，却被她们无情地赶走了。被拒绝后，那个小孩儿开始大哭，扑向老师寻求帮助。换成我们会怎么调解呢？按照传统思路，我们会告诉小朋友们应该团结友爱，而且那个小孩儿比她们小，所以要带着他玩。

目睹这一切的德国幼儿园老师并没有教团结、劝友爱。她对那个小孩儿说："你想帮忙是吧？可是她们好像不需要别人帮忙呢。等下一次她们搬不动了，你可以去问问需不需要帮忙。"小孩儿依然一脸委屈,老师又问:"那咱俩先一起搬一个小板凳好吗?"

原来就算是我们一腔热情,想去帮别人,也不代表别人就应该接受我们的帮助,我们得先问问人家需不需要帮助。尊重第一,友谊第二。比起被帮助,首先要被尊重。

两三岁的孩子自我意识开始萌芽,时刻想证明自己是有独立思想的人,所以他们喜欢说"不",有时甚至不管"不"的具体内容是什么。因为说"不"本身就很酷,让他们觉得很有力量。每一次我们越过他们的意愿,否定他们的拒绝,替他们做出"更好的"决定时,表面上可能有"更完美"的结局,实际上可能会导致孩子不自信、不勇敢。

我看到的对尊重和平等最到位的诠释,是像对待邻居那样跟孩子说话。举个例子,有一天,我们看到孩子吃着冰激凌,脚不自觉地蹬在那把古朴典雅、独具匠心的红木椅的横木上。我们一般人能想到的就是上去制止,让孩子把脚放下来。那么什么是尊重的方式呢?设想下,假如是邻居来我们家,把脚蹬在了上面,我们会怎么提醒他?我们通常会说:"你是不是觉得那里没地方放脚,要不要坐到这边的沙发上来?"家长期待孩子成为尊重他人的人,前提是孩子也被如此相待。世界用什么方式对待孩子,孩子就用什么方式回应世界。

⑫ 交友：孩子的世界另有规则

沮丧是孩子社交的常态

有时候，我看饼饼和幼儿园孩子一起玩，会觉得小朋友的社交真是复杂。每个孩子在幼儿园里，都会有一个他认为最好的朋友，通常还有一个第二好的朋友，以及两三个普通朋友。但是，这个关系往往是错位的。我认为你是我最好的朋友，但你最好的朋友可能是别人，我只是你第二好的朋友，或者只是普通朋友而已。比如，饼饼最好的朋友是A，她每天放学都想等A一起走，但A觉得饼饼只是她第二好的朋友，A最好的朋友是B。于是，饼饼等A，A不跟她走，A想等B。好几次，饼饼和A正玩得高兴，只要B一出现，A就跑去和B玩了。饼饼肯定会觉得郁闷，但这就是社交常态，是成长过程中必然要经历的一课。

成年人的交往不是也经常这样吗？都说3岁以下的孩子"无社交"，是因为在他们的世界里只有"我"，整个宇宙都是以"我"为中心往外扩散的，我觉得你应该和我好，你就必须和我好，不然我就没法儿理解。三四岁之后，他们慢慢发现，"我"不是宇宙的中心，别人不会依照"我"的意志做事，而具备这种意识正是社交能力发展的基础。

老师对我说，饼饼喜欢A，但A却更喜欢B，这是大人不能干涉的，孩子的社交属于孩子。孩子有一套自己的社交规则，他们相互适应，老师也会给规则画一条"红线"：**针对某个人的排挤和孤立，这是不能容忍的**。任何自由都有边界，孩子必须知道什么是不被接受的，在这个前提下谈自由才有意义。

社交能力不是看朋友有多少

老师对饼饼的社交能力评价很高，这让我大吃一惊。饼饼是一个慢热、谨慎、内向的孩子，这一点和我很像。具体表现有：从小班升到大班（并没有换幼儿园），她花了足足大半年才真正融入新班级，在这之前，她只会远远地暗中观察别人玩。她在班里只和几个固定的朋友玩，如果班里有一群人在玩，她就不知道该怎么加入。平时路上遇到认识的人，她绝对不会打招呼，每次都会背过身，脸贴在我的腿上，用后脑勺对着人家。和一个不熟悉的人见十次面以上，她才会开口说"你好"和"再见"。无论从哪方面看，我都没法儿把她和"社交能力很强"联想到一起。

幼儿园老师不这么认为。他说：**"社交能力是一种长期的潜力，判断标准当然不是交朋友的速度和数量。"** 一个孩子在幼儿园里和别人迅速打成一片，经常是因为刚好爱好一致。但是，从幼儿园毕业了，那些爱好一致的朋友会从生活中消失，孩子还能在新环境中交到朋友吗？说不准，得看情况。

那么，什么是"长期的社交潜力"？具体表现在哪里呢？

第一，**说话有礼貌**。老师说，饼饼在幼儿园里时常把"谢谢"和"请"挂在嘴边。礼貌是在任何年龄段和环境中，都适用的基本社交准则。你对人有礼貌，别人会觉得和你说话舒服，当然就更愿意和你相处。这就是一个长期的社交潜力，比"现在在幼儿园有多少朋友"更说明问题。

第二，**尊重别人**。老师告诉我，饼饼身上有个很宝贵的特质，就是别人正在说话的时候，她会等别人说完，不会突然插话。"让别人把话说完"是对别人的尊重，也是在任何年龄段和社交环境中都很加分的特质。我觉得，她可能是在玩桌游的过程中潜移默化受到的影响。玩桌游最基本的规则就是轮流行动，不管什么桌游，什么玩法，不管你手里的牌多么厉害，你多么会玩，都得默默等待你的轮次。

在家里，饼饼有时候也会故意在我和她爸爸说话的时候，大声插一个别的话题，引起我们的注意。我知道她想加入我们的聊天，所以会找一些她可以参与的话题聊，但如果当时我和她爸爸确实要讨论一些她没法儿加入的话题，我就让她先等等，等我和她爸爸说完了，就会专心和她说。同理，我和饼饼在说话的时候，她爸爸想要问我问题，我也会让他等着。让别人把话说完是相互的，不是单向的"大人说话小孩儿别插嘴"。当然，插不插话，要根据事情的紧急程度权衡,"不插话"的动机是尊重,而不是永远把自己的需求放在最后。

13 校规:教育的另一种模样

在饼饼小学的入学仪式上,校长发表了热情洋溢的致辞,讲到"每个月都有一天蛋糕日"的时候,饼饼两眼放光。校长说:"今天发的资料里有一页是校规,回家要读给孩子听。"给饼饼读了几句后,我抑制不住自己内心的感动,眼泪就要夺眶而出。校规的内容如下:

所有人都是不一样的。

有的年轻,有的年老;有的吵闹,有的安静;有的高,有的矮;有的壮,有的弱;有的做事快,有的做事慢。

但是,每一个人都是重要的、有价值的。

在学校里也是如此。

学生和所有的教职员工都希望在学习、工作以及日常相处中感受到舒适与愉悦。

所以,我们需要规则。

与人相处的规则是:我们在乎彼此的感受。

我们在学校见到了，需要相互打招呼。

作为老师和父母，我们要做个好榜样，不在学校打电话或拍照。

我们不做伤害别人的事情。

如果出现了错误或疏忽，我们会道歉并积极处理。

我们会询问孩子的需求。

每个人都有在学校学习的权利。

这些话其实人人都会说，但是黑字落在白纸上成了校规的一部分，就会让学生和家长觉得格外温暖，不像印象中的校规总是冰冷的。从上面的校规里，我似乎读到了教育的另一种模样。

一、人的多样性

每个人都是独特的，每个人都有不同的特点，这种"不同"应该被欣赏。从饼饼的幼儿园到小学，我无数次体会到，尊重不同是德国教育的底色。这里说的教育不只是学科教育，而是一种价值观，把孩子当成完整的人。这和教育家陶行知说的"千教万教教人求真，千学万学学做真人"的意思相近。由此可见，真正的教育思想是全人类相通的。

德国从幼儿园开始就贯彻这种"全人教育"，饼饼常常会说："我是独一无二的。"全人教育不光是教育学生，也要求老师应该是完整的人。

"要是谁自己还没有发展好,没有受到良好的培养和教育,他就不能培养和教育别人。"

"教学的艺术不在于传授本领,而在于激励、唤醒和鼓舞。"

"一个坏的教师奉送真理,一个好的教师则教人发现真理。"

这些都是德国教育家第斯多惠的名言,放在几百年后的今天也是相当先进的思想。**真正的教育思想不会随着时代的变化而过时**。

二、尊重感受

"我的感受很真实,我的感受很重要。"

"我尊重别人的感受,我的感受也应该得到尊重。"

"我觉得一个行为让我不舒服,那就是不对劲的,无论对方怎么说。"

"别人不可能比我更了解我的感受,没有谁可以凌驾于我,操控我的感受。"

这些是我一直以来给女儿灌输的思想,也是我从德国教育中看到的底层价值观。德国幼儿园的"社交第一课"不是教团结友爱,而是教大声拒绝。我们当然要讲礼貌,但不代表我们必须永远礼貌待人。有人让孩子有不好的感受,做了让孩子不舒服的举动，一再无视孩子的拒绝，孩子就不需要继续讲礼貌，可以大声拒绝，非常不客气地说"不"和"停"，同时也要求助家长以及身边信任的人。**讲礼貌固然重要，但是孩子的感受更重要**。如果这会被别人说成自私，那就让他做个自私的孩子吧！人和人的想法很不一样，我们不需要讨得每个人的喜爱，也不可能让每个人都满意。

三、规则是双向的

我发现德国小学的校规和我小时候的校规有个根本的区别——德国小学的校规不只是单方向地约束孩子。德国小学的校规从一开始就明确了约束的范围：**除了学生，还有老师、房管大爷等所有的教职员工，以及家长。**

讲礼貌，不只是要求孩子讲礼貌，适用对象也包括学校全体工作人员。在乎彼此的感受，不只适用于孩子之间的社交，也适用于老师和孩子的交往。不做伤害别人的事情，出现了错误或疏忽要道歉，这些都不是孩子的专属义务，老师也要遵守同样的规则。

规则不是为了限制谁，其目的是让所有人可以更好地相处，在学校过得更舒服。规则也不是自上而下施加在学生身上的，是我们为了达到目的而需要这些规则。

第二章

松弛感让我们真正地看见孩子

饼饼出生后的前几年，我被困在各种焦虑情绪中，生怕做错什么耽误了孩子的成长。慢慢地，我发现一个松弛的家庭是给孩子最好的礼物，在这种环境中，孩子自然可以展现出自己的成长天赋。与其焦虑如何"打造"孩子，不如去发现孩子本身的潜能，尊重孩子的天性，给孩子成长的自由。

Part 3 第三部分
天性自由：性格无须被改变

14 当内向孩子被要求外向一点儿

饼饼两三岁时，我已经能明显地觉察到，她是个偏内向的孩子，简直是迷你版的我。有人劝我别给孩子贴标签，有的孩子只是暂时看上去内向，长大以后性格都会变的。看看，有人单从"内向"这两个字中就读出了贬义，还管它叫作"贴标签"。假如我说饼饼是个外向的孩子，我想他一定不会觉得有半点儿不妥。在外向理想型社会中，要让大部分人能够从心底承认内向和外向没有好坏、对错和优劣之分，是完全中立的两种性格，仍有很长的路要走。

在多数人眼中，外向的优势是不言而喻的。就算我列举出内向孩子的一百个优势，相信人们也不会说"看来是时候培养一下孩子的内向性格了"。人们不会因为孩子太外向而担忧，开朗的孩子无论到哪里都招人喜欢，不会受冷落。但是，如果孩子稍微表现出对陌生环境的抗拒，喜欢独来独往，不积极参与集体活动，朋友不怎么多，人们就会觉得这是个问题，需要改变。人们对内向的人的误解、对内向孩子的偏见，是经过相当漫长的过程沉淀下来的观念，这种观念不会轻易被改变。

我是怎么觉察到饼饼偏内向的呢？平时只有我们仨在家的时候，饼饼会很放得开，但如果家里出现其他孩子，人家都无拘无束的，她反而像客人一样，显得拘谨、不自在。直观的一次感受是，邻居带着两个孩子来玩，热热闹闹的，之前我已经给她"预告"过这种场景了，她还是默默地把爸爸拉进卧室，关上房门，严肃地告诉他："我不想他们待在这儿，太吵了。"

老师对饼饼在幼儿园表现的描述，也印证了我的结论。她在幼儿园里，几乎不会跟一群小朋友玩，而是更愿意自己玩，或者跟某一两个小朋友玩。她有非常固定的玩伴，对于班里新来的小朋友，她会持谨慎态度，不会轻易靠近，也不会很快去结识他们。饼饼喜欢安静地玩游戏，一个游戏可以玩很久，不会非常频繁地变换。她通常不会第一时间加入集体游戏，而是先远远地观察，再决定是否加入。她需要老师或者小朋友来调动气氛，才能持续地动，否则只会更倾向于坐着玩安静的游戏。我知道家长看到这一幕会不舒服，但其实不舒服的只是家长而已。对饼饼这种内向性格的孩子来说，独自发呆和暗中观察是她适应新环境的方式。**她觉得这样很舒适，可以从自己身上获取力量**。我不用告诉她应该怎么做，本来就没有什么是"应该"的，如果让她尽快跟别人打成一片，家长倒是舒服了，孩子反而觉得难受。我知道内向是她与生俱来的性格，刻在基因里的特质，我没必要改变，也改变不了。

内向和外向的判断标准是一个人如何蓄能，跟会不会侃侃而谈没有关系。慢热、认生、喜欢独处、朋友不多，这些都是表面的现象。究其本质原因，是内向孩子的生理结构（副交感神经系统占主导）让他们的能量是收敛的。喧闹刺激的环境对内向的孩子来说是耗能的过程（而对外向的孩子来说是蓄能的过程），所以他们长期待在这种环境中会觉得疲惫，只有独处和安静才能让他们恢复精力——这一点我感同身受。不少人喜欢把内向与胆怯害羞、不善表达、社交障碍、不合群联系到一起，但可以看看童年的埃隆·马斯克，他是典型的内向孩子（不是偏内向，而是极其内向），再看看人家的梦想，胆怯害羞的人到底是谁？

一个孩子可以是内向且勇敢的，也可以是外向且胆怯的，当然，他也可以是外向且勇敢的，或者内向且胆怯的。换句话说，胆怯的人群跟内向的人群有交集，跟外向的人群同样有交集。为什么内向的孩子总是给我们害羞、胆怯的印象呢？因为他们需要用更长的时间适应全新的，尤其是嘈杂的环境，这是个耗能的过程，他们需要对抗生理本能以留在这种环境中，于是他们会被人误解为胆怯害羞，放不开。

我在幼儿园能够明显地感受到每个孩子不同的性格。女孩A是典型的外向孩子，直率、不认生、自来熟，我第一次来她就假装给我倒咖啡、倒茶，跟我讲幼儿园里的一切，确实招人喜欢。但几天后，她就对我没兴趣了，把兴趣转移到了另一个新来的家长身上。她的热情来得快，退得也快，热情只持续了三天时间。而内向的男孩T，从我出现的第一天就在观察我，直到我连续出现了一周以后，才对我甜甜地一笑，打了个招呼。从那之后，我们每天都聊几句，慢慢地，聊的内容越来越多，我们的感情是平稳升温的。

这两种社交方式没有对错之分，仅是各有不同而已。外向孩子的社交是"一见钟情"的，广撒网式的，他们会有一大波朋友。内向孩子的社交是"日久生情"的，他们不容易跟人敞开心扉，而一旦交上朋友，就非常有"质量"，他们更容易交到十几年甚至几十年的挚友。

怎么能把"重质量"的交友跟"不善社交"画等号呢？当孩子年龄小的时候，外向的孩子在交友上更有优势，因为他们交友的唯一标准是"玩得来"。但随着年龄的增长，孩子的交友标准也会提高。外向的孩子可能有一大波"吃喝玩乐"的朋友，但没有一个可以说心事的人。而内向的孩子内心通常（注意：是通常不是绝对）更敏感、更有同理心、更善于洞察别人的情绪，他们是更好的倾听者。孩子的年龄越大，用这些特质赢得友谊的机会就越大。内向的孩子在社交上的劣势，有一天会变成他们的优势。

外向孩子的能量是发散的，他们容易对一件事感兴趣，也容易失去兴趣，这不能怪他们"朝三暮四"，因为他们总能发现更有趣的东西。内向孩子的能量是收敛的，他们更专注，在初次接触新事物时可能会显得慢热，而一旦热爱，就会无比执着。**所以，内向的孩子更喜欢深入思考，他们对深度的追求高于广度。**

上学时，我很羡慕班里多才多艺的同学，舞蹈、唱歌、乐器样样行，反观自己，什么也不会。后来我发现，写作可以让自己感到舒服和放松，慢慢就培养起这个沉闷、很不酷的"内向爱好"，从中学时代爱到了今天。我在金融行业工作的时候，未曾将写作视为潜在的副业，更没想过写作会成为我的主业，但现在我有了自己的公众号，也可以说是受益于我的"内向爱好"。

说到这里，就要说一下社会对内向的孩子最大的误解：语言表达能力差。人们普遍认为，内向的孩子因为话少，在表达上就必然有所欠缺。我差点儿就气笑了，表达能力是什么？**表达能力反映的是一个人的思维能力**，并不是话多就意味着表达能力强。我们觉得参加辩论赛的人都很善于表达，其实，我们是被他们说话的逻辑折服，而不是因为他们话说得又多又快。类似的是书面表达能力，也就是写作能力。判断一个人写作能力的好坏，究竟是看他写出来的东西有没有逻辑、生不生动、能否打动人，还是看他一年内可以写多少字？我们不会拿文章字数来判定一篇文章的好坏，不会拿作家出书的数量来评判他的写作质量，为什么要拿话多话少来判定一个人的表达能力呢？口才好代表一个人的逻辑能力强、思维缜密、反应迅速，而内向的人通常更善于思考，反而有优势。话多也可以叫话痨，说话有逻辑才叫口才好。

如果谁家也有一个内向的孩子，那么他是幸运的，无数人正在努力推动外向理想型社会的转变。改变世界很难，我们起码可以先改变自己，从心底承认内向是一种中立的性格，允许他们做真实的自己。在成长过程中，无须与内心作对，这对孩子而言真是无比幸运。

⑮ 当孩子"胆小不独立"

当孩子"依赖性"太强

　　一到周末,我都会寂寞地在俱乐部的更衣室等饼饼上跳舞课。一个班有二十多个孩子,别的家长都是送完孩子扭头就走。以前饼饼也不用我陪,她会和好朋友一起进教室上课。现在好朋友上小学,不来跳舞了,她落了单,开始让我陪她,告诉我绝对不可以离开俱乐部的楼。

　　我不会因此担心孩子的性格,更不觉得这是孩子独立性差、缺乏勇气、内心不够强大的表现。相反,我经常觉得她有出乎我意料的勇气。

　　之前我们去参加饼饼好朋友的生日派对,派对在一个室内游乐场里举办,大多数父母会陪孩子待一小会儿才走。饼饼不让我陪,让我赶紧走,她想自己在派对上从下午三点玩到六点。她说她是大孩子了。派对上的孩子都是幼儿园班里的同学,即便是在陌生环境中,只要周围有很多熟悉的朋友,她就会变得开朗起来。她的性格就是这样,一半谨慎慢热,一半热情开朗。

　　养孩子遇到困扰的时候,一定要分清楚"短期目标"和"长期目标"。培养孩子的独立性、勇气,以及塑造他们内心强大的品质,这些都是教育孩子的长期目标。 如果我可以用十年时间去完成这个目标,我就觉得自己相当了不起了。但是,此时此刻,面对站在兴趣班的门口、因为妈妈离开而焦虑的孩子,我要完成的是这个目标吗?不是。我要完成的是一个非常具体的短期目标:让孩子可以安心去上课。

有很多办法可以达到这个短期目标。比如,我可以陪她一起进去,或者出现在她随时能看到的地方,或者给她找个朋友一起上课,又或者帮她在兴趣班交到新朋友等。

最怕的就是混淆了短期目标和长期目标,觉得孩子不愿意自己进去上兴趣班,说明她是一个没有勇气、缺乏独立性的人。其实,这二者之间没有必然的联系,我不可能通过"连哄带骗"说服饼饼自己进去,以此来证明她的独立性和勇气增强了。

有时候,我们在一件事上"坚持不懈",钻牛角尖,不是因为这件事多么重要,而是因为把一个很简单的短期目标和长期目标画上了等号。有的父母总是觉得,孩子实现一个短期目标,就可以证明他能达到某个长期目标。或者反过来说,如果孩子没能完成一个短期目标,那就说明他没有那个能力和素质。于是父母固执地要求孩子必须完成这项任务,决不能放弃,否则就会焦虑。

前几年,我也会不自觉地用"别的孩子"做标杆,嘴上不说出来,心里也会有个对照。别的孩子都能做到,饼饼也不比人家缺什么,为什么做不到呢?现在我知道因为人和人是不一样的。

孩子也是人，孩子和孩子也是不一样的。

记得我们去动物园玩，正好赶上了企鹅在吃饭。饲养员说，有的企鹅喜欢把小鱼叼回洞里，慢慢吃；有的企鹅会狼吞虎咽，原地吃干净；有的企鹅喜欢靠近她，让她直接把小鱼喂到嘴里；有的企鹅比较特别，必须把鱼远远地扔到水里，它才吃。饲养员必须根据企鹅的不同性格，用不同的方式喂它们。企鹅和企鹅都不一样，何况是人啊！

内向还是外向，慢热还是自来熟，是有其先天生物学基础的。外向自来熟的人，天生交感神经占主导，他们的能量是发散的，人多嘈杂的环境会让他们兴奋，因为这对他们来说是蓄能的过程。内向慢热的人，天生副交感神经占主导，他们的能量是收敛的，人多嘈杂的环境会让他们疲劳，因为这对他们来说是耗能的过程。这就是为什么成年人的解压方式不同，有人喜欢和一群朋友聚会，而有人光是想想那画面就觉得累，更喜欢一个人待着，塞上耳机听听歌。

这种区别不是成年后才有的，从幼儿园时期就有。有的孩子自来熟，人越多越兴奋，到了一个新环境里，很快就能认识很多朋友，但通常换朋友的速度也很快。有的孩子慢热，对陌生环境谨慎，需要很长时间来适应新的社交圈子，在人多嘈杂的场所，他们会感到疲惫不堪。尽管交友过程缓慢，朋友也不多，但他们通常可以和人建立很深的关系。这只是不同的社交模式，就像吃饭习惯不同的企鹅，和社交能力、独立性都没有关系。我越来越觉得，饼饼是个谨慎、慢热的孩子，同时她也是个社交能力不差、性格不错的孩子。我不认为这是矛盾的，孩子们都十分自洽，矛盾的常常是大人。

当孩子没有安全感

有一段时间，我们带饼饼去看儿童剧。剧场前排是专门给小朋友坐的"儿童区"，里面都是低矮的椅子，后排是"父母区"。孩子们进门后都自然地坐在了前排。饼饼对我说："我不想坐前面，我要和你们坐在一起。"我猜到了，像饼饼这种谨慎、慢热、内向的孩子，是不会痛痛快快地坐在一堆陌生孩子中间的。我试图说服她："后排是给大人坐的，你坐在这里会被挡住，什么都看不到。"

她说："没关系，我可以坐在你的腿上。"

我灵机一动，提议说："你可以坐在儿童区的最后一排，爸爸妈妈坐在父母区的第一排，就在后面挨着你，好不好？"

"不好。"

"为什么？"

"因为我不想两边都是不认识的人，我不知道他们会干什么。"

"啊？你觉得他们会干什么啊？"

"我不知道他们会干什么啊，我不知道，妈妈！"

我这才反应过来，"我不知道他们会干什么"是问题的根源。内向的孩子之所以普遍显得有些胆怯，是因为他们的心理活动很丰富，比别的孩子想得多，就会被各种想象出来的未知包围着，所以会表现出一些大人无法理解的紧张。**未知会带来不安全感**。

我马上想出了另一招。我指了指儿童区最后一排最右边的空位说："你可以坐在那里，妈妈就坐在你的正后面，这样只有左边是不认识的人，右边是空着的，你随时可以站起来走开，怎么样？"饼饼觉得这个主意不错，"随时可以站起来走开"一听就很有安全感。**掌控感会带来安全感**。孩子可以实现无遮挡地看剧，本以为是个皆大欢喜的结局，然而事情没有这么简单。我们收拾背包准备往目标挪动的时候，一个小女孩跑过去，坐在了那个空位上……饼饼说："妈妈，我要坐在你的腿上。"还好我反应快，提醒她："你爸爸也有腿。"于是我把她安顿在了她爸爸的腿上。

之后，我环顾四周，看到同排有个五六岁的男孩，哭得一把鼻涕一把泪。男孩的妈妈和爸爸各坐一边，轮流说着什么。没过多长时间，我明白了男孩为什么哭。他的爸爸妈妈想让他自己坐在前排，男孩不肯，就这么陷入了僵局。说着说着，他爸爸把男孩的外套嗖地抛到前排，不偏不倚地搭在了一个空位的椅背上。

松弛感让我们真正地看见孩子

松弛养娃——育儿这条路，你不必追着跑

他提高音量说："别的孩子都坐在前面，比你小的孩子都自己坐，你为什么不能？你没有理由不能！"男孩很激动，跺着脚跑过去，一把将外套扯下来，又原路返回。妈妈使出了撒手锏，从包里掏出一袋爆米花说："你自己坐到前面去，就可以吃爆米花！"男孩哭得更凶了，一把推开爆米花。哗——爆米花撒了一地。看到这一幕，我感到既窒息又心痛。他的爸爸噌地站起身，拉着男孩就走。"你不坐到前面去是吧？那今天就不要看剧了！你要为自己的行为承担后果。"我很想过去问他一句："不看剧，到底是孩子不坐前排的后果，还是你生气的结果？"

　　我作为旁观者看到这些，替他们一家感到不值得。孩子是自己坐在前面，还是和大人坐在后面，真的有那么大的区别吗？我觉得，他们较劲的可能不是坐在哪里，而是儿子的表现让他们很失望。他们觉得别的孩子都可以，为什么自己的儿子做不到呢？这么大了还不能自己坐，独立性太差，胆子太小。他们希望通过说服儿子自己坐，培养他的独立性。我经常说，育儿中的很多执迷、拉锯和当局者迷，就是因为混淆了长期目标和短期目标的关系。我们想让孩子勇敢独立、直率胆大，这都是性格中需要慢慢培养的长期目标，不可能通过改变一个短期行为来达成。带孩子来看剧的目的，是想让孩子开开心心过一个下午，**短期目标才是当下应该关注的结果**。花了钱，买了门票来看演出，结果弄得全家人不开心，真的值得吗？

这对父母的心思也可能没有我想得那么复杂。他们可能只是单纯地觉得，坐在后排，只能从前面人的后脑勺的空隙里看剧，肯定不如坐在前面视野无遮挡看得更舒服。所以千言万语汇成一句话：我这么做，还不是为了你好？

剧开始前，我出去买爆米花的时候，在门口遇见了他们。爸爸还在生气，妈妈还在数落，男孩还在哭。从他们身边走过的时候，我低声和两个大人说："我刚才坐在你们旁边，我女儿也不愿意自己坐在前面，她说不想两边都是不认识的孩子，因为她不知道那些孩子会做什么。"说罢，我就转身去买爆米花了。可能是最后这个理由启发了他们，我排队的时候看到他们和男孩说了些什么，然后一家人就重新返回了剧场。我抱着爆米花进去的时候，看到男孩坐在剧场边缘的台阶上，他爸妈坐在后面的台阶上，不在儿童区，也不在父母区。他们具体怎么达成了这个折中方案，我不清楚，但至少三个人的表情都放松了一些。我从他们旁边侧身经过时，小男孩抬起头看我，冲我浅浅地笑了。

16 当孩子是个"小跟班儿"

我带饼饼参加过班里一个 4 岁女孩的生日会。那个女孩总共邀请了七个孩子,我暗中观察他们在一起玩,心里默默感叹,孩子们的性格真是天生不同。有的孩子玩得很投入;有的孩子不光自己玩得投入,还会顾及其他的孩子,带他们一起玩;有的孩子站在一边,远远看别的孩子玩;有的孩子坐在垫子上,背对着所有人发呆,好像这个派对跟他无关。饼饼属于远远观察型。

过生日的女孩很活泼,而且很懂得照顾别人的感受,经常过来带着饼饼一起玩,饼饼乐滋滋地跟过去,人家干什么她就干什么。人家吃东西,她也吃;人家不吃了去吹泡泡,她也去吹泡泡;人家钻进帐篷,她也钻进帐篷;人家从帐篷里出来,她也麻利地穿鞋准备跟出来。问题是,那个女孩不在乎光脚在草地上跑,但是饼饼嫌草地扎脚,一定要穿鞋,于是人家从帐篷里钻出去,玩了什么后又钻回来,她就坐在帐篷边上,反复穿鞋、脱鞋……

看到这一幕,我想起来之前有朋友说过,自己的孩子的性格软弱,总是被别的孩子领导,当妈的看到孩子那么听话,人家干什么他干什么,人家让他干什么他干什么,心里特别不是滋味。我知道,妈妈只是希望孩子性格强势一点儿,不是非要他当"孩子王",但是孩子起码要有点儿自己的主见。我对此太能共情了。

饼饼是班里年龄最小的孩子之一，加上运动能力不行，性格谨慎、慢热，她一直都是被别人领导的状态，凡事都跟在别人后面。刚开始看到这个场景时，我心里也是不舒服的，因为我自己是性格比较强势的人，不喜欢跟随别人，觉得这样很没主见。

说到这里，要再次提及老生常谈的那句话：有些事只是大人看着不舒服，孩子其实很舒服。大人经常按照自己的期待来调整孩子的行为，这样大人倒是舒服了，孩子反而不舒服。"小跟班儿"带给妈妈们的不舒服，完美符合这种说法。看到孩子被他人领导，觉得心疼，那是因为我们的心理在作祟，用自己的经历推己及人，而忽略了最重要的一点：孩子的感受。大人在公司被同事呼来唤去，肯定觉得一肚子委屈。但是大人感到不被尊重，不代表孩子也有同样的想法。我观察饼饼当"小跟班儿"的全过程，真叫一个自得其乐，没有丝毫不适。她甚至会在有人可"跟"的时候，自己偷偷抿嘴乐，迫不及待凑上去被人家领导。

其实这个道理挺好理解的，孩子再大也是孩子，他们的一些玩法，就算再会陪玩的大人也不能取代。大人还别不服气。比如饼饼班里的小姐姐趴地上学狗叫，饼饼也跟着学，然后"两只狗"满地爬，笑到岔气。这种欢乐我们能带给孩子吗？只要大人发现孩子很享受当"小跟班儿"，并没有不舒服，并且不是被"领导者"强迫追随，也不介意别人指挥他，那就没有什么可担心的。

孩子的很多情感是掩盖不住的，喜欢就是喜欢，讨厌就是讨厌，稍微留意下就能分辨，而不是用我们的心去替他们感受。当然，前提是孩子没有被指挥做坏事和危险的事。

　　3岁多的孩子就已经会向自己的同伴靠拢了，无论是在语言表达还是行为举止上，都希望跟同伴成为同类人，这让他们觉得有归属感。谁是他们的同伴？幼儿园班里的孩子，小区里一起玩的孩子，游乐场里新认识的孩子……反正不是大人。这也解释了为什么孩子都是"窝里横"，一到外面就变老实了。因为家本来就很安全，即使他们什么都不做，也可以被家人认同和关爱，没有被群体排斥的顾虑。所以，我看到饼饼当别人的"小跟班儿"，一点儿也不觉得是性格软弱的表现，这只是孩子的一种社交方式。交朋友的方式有很多，并不是非得落落大方，非得交换玩具，非得问"我可以和你一起玩吗"。**交朋友也可以是默默观察别人，模仿别人，得到认同感和归属感。这不是软弱和没主见的表现，而是社交认知能力在发展。**孩子多厉害啊，在没人教的情况下，自己摸索出了一套让别人认可自己的方法。大人还别瞧不起这种社交模式。通过效仿群体行为，表明自己隶属于该群体，这是个体被群体认同的最便捷的方式。社会心理学家经过反复研究才得到这个结论，而孩子天生就懂，这难道不是一种本事吗？

　　有人可能会问：为什么别人家的孩子不是"小跟班儿"呢？

既然孩子通过模仿来社交，怎么解释那些领头的"孩子王"的行为呢？其中有一种可能是"孩子王"也有年龄更小、效仿别人的时候，只是那时我们可能还不认识他。我们没看到不代表不存在。还有一种更大的可能是，孩子的性格不同。家长们都希望自己的孩子是那个"孩子王"，因为给人感觉很有出息，好像从小就很有领导天赋。而"小跟班儿"看着就觉得能力不太行，被人指挥来指挥去，没有主心骨。这其实是种错觉。

虽然性格不同会导致社交模式也有所不同，但这仅限于性格特征和社交行为的表现，跟能力没关系。就像成年人一样，有人喜欢喝酒聊天、唱歌交友，有人喜欢喝茶聊天、以书会友。我们不能说哪种交友方式更高级，只是方式不同而已。内向慢热的孩子更容易成为"小跟班儿"，比如饼饼，我早就预料到她会成为这个角色，但这就是她感到舒服的状态。内向是中立的性格，并不比外向弱，"小跟班儿"也是中立的角色，也不比"孩子王"差。

养孩子过程中的一些心理上的不舒服，往往都源于我们过度代入孩子的角色，替他们难受，想替他们出气。其实，在很多事上，我们的感受不算数，孩子的感受才算数。子非鱼，焉知鱼之乐？**孩子不是一个缩小版的成人，孩子世界的游戏法则也不是复制、粘贴成年人的**。这个道理我们曾经都懂，只是时间太久忘记了。

Part 4 第四部分

情绪自由：包容孩子的"坏情绪"

17 当孩子说他不快乐

情绪不是调音台，情绪是一个扬声器

现在的孩子很容易出现心理问题。据《2022年国民抑郁症蓝皮书》显示：在中国，18岁以下的抑郁症患者占抑郁症总人数的30%。在抑郁症患者群体中，有一半为在校学生。其中，77%的学生患者表明人际关系存在问题，69%的人表明家庭关系存在问题。孩子有人际关系问题似乎比较好理解，但为什么家庭关系也成为可能导致孩子抑郁的原因呢？不仅如此，另一个值得关注的现象是，生活条件越好孩子越不开心，这又是为什么呢？

导致青少年抑郁的最常见原因是：孩子在童年时期很少在亲子关系中得到安抚。如果孩子的感受总是被否定，情绪总是不被接纳，那么他忍受痛苦情绪的空间就会被压缩。比如，焦虑的时候被告知"别想那么多"，伤心的时候被告知"有什么好伤心的"。空间在变小，而他又想把越来越多的情绪和不快塞进去，总有一天，这个空间会破裂崩塌，导致整个人情绪失调。

有人会说，我那么爱我的孩子，怎么可能不在乎他的感受呢？其实否定感受的情况真的太普遍了。比如，孩子摔倒了，哇哇大哭，家长在一边安慰说："不用哭，只是摔了一下，不疼不疼。"

"只是摔了一下"，这不是轻描淡写吗？伤害性更大的是，孩子正疼得直哭，家长却替他说"不疼不疼"。类似的话，我们小时候听过太多了：

"你怎么可能腿疼？你又没走那么多路。"

"你刚吃了那么多，不可能饿。"

"人家跟你闹着玩的，别那么敏感！"

"不就是一次没考好吗，有什么好难过的？"

十几岁时，有一次忘了什么原因，我对爸妈说："我一点儿都不快乐！"当时我爸特别生气，冲我发脾气说："你不快乐？你有什么不快乐的？你不愁吃不愁穿，什么都给你最好的，你还想怎么快乐？"当两个人开始争论感受，这个争论就是无法调和的。不愁吃不愁穿，这是事实。快不快乐，这是感受。同样一个事实，不同的人感受不同，人只能感受自己，不能替别人感受。

举个很常见的例子。有朋友看到饼饼的照片，问饼饼为什么反着穿外套。其实我也不知道为什么，她就是喜欢这么穿。她不难受吗？这个问题我也问过她，她说不难受，很舒服。我当然很无奈，脖子都勒出印了，舒服才怪！她很认真地和我说："妈妈，对我来说很舒服。"我无法反驳，只能让她继续反着穿。饼饼经常用"对我来说"这四个字来强调这是她的感受，我们没办法比她更了解她的感受。

父母总觉得自己有让孩子开心的义务。如果孩子过得不好，父母就觉得自己不配过得好。我们经常听到这样一句话：如果批评不被允许，则赞美无意义。我想说的是，如果难过不被允许，则快乐无意义，苛求快乐，反而会破坏情绪。**如果总是想着帮孩子消除痛苦，用转移注意力掩盖痛苦，或者强行让他们忘掉痛苦，那么就永远没办法让他们学会与痛苦相处。**

我也是养了孩子才慢慢意识到，情绪没有好坏之分。孩子难过的时候，最需要的不是我哄她笑，而是她的难过"被看到"。"我看到你好像不开心，可以告诉我为什么吗？""你很难过，对吗？我怎么才能帮到你呢？"

我们父母那代人很少会接纳孩子的负面情绪,而且觉得在一些场合下,开心是一种义务,难过是一种罪过。比如,买了昂贵的门票去玩,或者大家都在开开心心地看演出,如果孩子因为一件事表现出不开心,父母就会说:"别人都高高兴兴的,就你不开心,以后再也不带你出来玩了!"所以慢慢地,孩子不愿意在父母面前表现出任何情绪了。

我经常说,不是我们在养孩子,而是孩子在唤醒我们。孩子感知快乐和美好的能力,比我们强太多了。有一次饼饼说:"今天是我最快乐的一天!"我问了饼饼才知道,原来是因为那一天幼儿园有音乐课。我问她:"不是每周五都有音乐课吗?"她说:"对啊,每周五都最快乐!"

成年人总觉得计划中的事都是理所当然的,所以我们感受不到那种快乐。大人经常感叹"当孩子真好啊,一件小事就能让他们那么开心"。但是别忘了,孩子感知快乐的门槛低,相应地,他们感知难过的门槛也低。

如果只能为维护亲子关系做一件事,让家庭不是他们痛苦、抑郁的来源,我觉得那就是:**不要总是否定他们的感受,不要和他们争辩感受,不要替他们的感受做主**。情绪不是调音台,不能随意调高快乐的情绪,调低悲伤的情绪。情绪是一个扬声器,情绪是一个整体——快乐和悲伤都在其中。

负面情绪对孩子很重要

有一天，饼饼回家告诉我，老师给他们讲了一个绘本故事。从前有一只小猴子，某天早上起来心情特别差，阳光太好，天空太蓝，香蕉太甜，一切都不对劲。于是，小猴子的朋友们绞尽脑汁，想各种办法让他心情好起来。大家都觉得，阳光明媚，天空湛蓝，如此美好的一天，小猴子怎么能心情不好呢？小猴子不想承认自己心情不好，于是努力挤出笑容，假装一副快乐的样子。而这让他更加痛苦了。小猴子终于明白过来，他不需要做任何事让自己心情变好，此时此刻，他只需要做一件事：心情不好。因为，阳光明媚，天空湛蓝，如此美好的一天，正适合心情不好！

是不是觉得这个故事很奇怪？这是什么故事啊，一点儿教育意义都没有。然而德国有不少类似这样的"没有教育意义"的绘本故事。这些故事告诉孩子，**不必一直保持开心，更不必为了迎合别人让自己开心，不开心就是不开心，我可以尊重自己的感受。**

德国幼儿园老师多次跟我聊到，饼饼在幼儿园里，大部分时候很高兴，但也会因为各种各样的事哭鼻子，或者某天比平时更敏感易怒，有负面情绪。他强调说：**"哭泣和负面情绪，对孩子来说很重要。"** 他说的不是"没关系"，而是"很重要"。这从侧面反映出，幼儿园对她来说是一个包容的环境，她可以心情好，也可以心情不好,她不开心的时候可以表达出来,周围人可以接纳她的负面情绪。

一个活生生的人当然会哭,会心情不好,会有负面情绪,这些都是我们很健康的信号。饼饼不会因为负面情绪而受到指责或惩罚,她不需要为了迎合别人而改变自己,没有比这更让人舒服的状态了。

18 当孩子总发无名火

饼饼早上经常有起床气,总发无名火。有一次我问她:"是不是没睡好?"她没好气地回答我:"我不是没睡好,我就是累了!""那要不要你先歇着,过一会儿再刷牙?""不要!我要去幼儿园,现在就去幼儿园!"

接着,穿衣"战争"打响了。"我不要穿这件蓝色的,我要那件粉色的!不是这件粉色的!是另一件粉色的!这个不是粉色,这是红色,那个才是粉色的!我不要,我不要,还是穿刚才那件蓝色的!"

"我不要喝水!我不要刷牙!我不要梳头!"

"我要梳两条辫子!我讨厌扎马尾辫!"

"我不要两条辫子!我要扎马尾辫!"

"我不要马尾辫,我也不要两条辫子,我要扎'艾莎头'!"

终于到了幼儿园的班级门口,我把她玩泥巴穿的背带裤递给她,又把她脱下来的鞋子递给她。

她说:"我拿不动,太重了。"

"你之前不是每天都自己拿进去吗?"

"我今天拿不动!你看!拿不动!"她两手一松,裤子和鞋都掉到了地上。

我又使劲叹了口气说:"我知道,你不是拿不动,你只是不想拿。所以你能不能告诉我,你今天到底怎么了?"

她开始发脾气,踢地上的裤子,放开嗓子哭。老师赶过来,问我发生了什么。我无奈地说:"我也想知道发生了什么。她今天一起床就这样,不知道怎么了,昨天晚上还好好的。老师,要不你问问她?我是没办法了。"

老师蹲下身去,问饼饼:"**我可以怎么帮你呢?**"饼饼气呼呼地把裤子捡起来,丢给老师。老师接过来说:"除了帮你拿裤子,我还能怎么帮你呢?"饼饼又丢过去一只鞋,然后说:"另一只我自己拿得动。"

他们进去以后,我隔着玻璃悄悄看。老师跟着饼饼去了衣帽间换衣服(平时她都是自己换),饼饼指挥老师帮她脱外套,然后

松弛养娃——育儿这条路，你不必追着跑

两人坐在衣帽间的长凳上聊了几句，饼饼紧绷的表情开始逐渐放松。五分钟后，她和没事人一样，连跑带颠儿地去吃早饭了。

她倒是好了，被她折腾了一早上，我感觉不好了。在幼儿园门口耽误了太长时间，我回家晚了，本来就紧张的工作进度越发紧张了。我没好好吃早饭就开始投入工作，上午也没想起来喝一口水。饼饼爸爸开完会休息，坐在我桌子边上一边喝咖啡，一边和我搭话。我没理他，甚至有点儿火大。

他问我："你怎么不和我说话？"我抬起头，直勾勾地看他的眼睛。他一脸无辜地问："你为什么这么看我？你怎么了？"我更恼火了："我怎么了？你难道没看到我在集中精力工作吗？你是很闲吗？那以后你去接送孩子！"饼饼爸爸不可思议地盯着我问："你怎么说话这么大火药味儿？到底怎么了？"这句话真的惹到我了，我说："你又不是没看到早上的'鸡飞狗跳'，我怎么了，你心里没点数吗？"和他吵完，我突然明白了早上饼饼为什么无名火越烧越旺。我反复问她"你到底怎么了"，不仅没帮到她，反而给她火上浇油。

成年人都懂，有时候我们莫名其妙就会不开心，或者是引起不开心的理由太复杂，一两句说不清楚，即便说了，别人也未必能理解。"怎么了？我也不知道自己怎么了，有时候我自己也讨厌自己。"原来孩子也会这样啊，之前都好好的，突然就沮丧了。这

种情绪的产生未必有特定的原因，也无须任何理由来解释。

奥地利心理学家阿尔弗雷德·阿德勒提出了"课题分离"理论：不去干涉别人的课题，也不让别人干涉自己的课题。从某种角度来说，大多数的人际关系问题恰恰是因为忽视了边界感，一再越界，插手别人的课题，还觉得这是为了别人好。在与合作伙伴、同事、朋友、配偶相处时，实行课题分离可以避免许多不必要的摩擦。然而，对于亲子关系而言，尽管父母心里明白这个道理，但落实到实际操作中，从情感上来说，确实很难接受。尤其当孩子还小的时候，他的生活甚至整个生命都是依附于我们而存在的，完全做到课题分离不现实，也不容易掌握好分离的尺度。

亲子关系的特殊性让我们容易过度干涉孩子的人生课题。打着"关心"的幌子，又正确又高尚，其实更大程度上是在满足自己。我们一遍遍追问孩子"你到底怎么了？"，其实不是为了帮他，而是想"看透"他，或者只是想抱怨他为什么那么不配合。孩子其实不傻，他能感受到谁是诚心帮他，对待那些没诚意的"拷问"，他也不会诚心诚意地回答。

既然如此，怎么才算诚心诚意地帮忙呢？想想成年人之间的相处之道，就差不多明白了。我们心情不好压力大的时候，别人怎么说会让我们觉得他是真心想帮自己呢？我希望听到的是："*我做点什么可以帮到你？我怎么做才能让你好过一些？*"当我告诉

松弛感让我们真正地看见孩子　　79

他后，他二话不说尽最大努力去实现我的要求，这是真心想帮我。当我感到对方真心在帮我，自然会愿意向他敞开心扉倾诉，不把他当外人。最苍白无力的关心，就是刨根问底地问"你到底怎么了？"。很多人不承认，当他们问这句话的时候，满足好奇心的需求超过了想要帮忙的诚意。如果一五一十地告诉他们难过的原因，他们大概率只是回答一句"那我也帮不上忙"。

和孩子相处也是遵循同样的道理。我让老师去打听饼饼到底怎么了，他没有单刀直入地询问，而是很委婉地问了句："我可以怎么帮你呢？"在她情绪开始好转，愿意沟通之后，老师再让她坐下来聊聊她到底为什么心情不好。这是**"先情感引导，再解决问题"** 的又一鲜活案例。

因为爱，所以遇事就想刨根问底，想把问题"连根拔起"，恨不得孩子的成长道路一马平川，这个可以理解。但多少人刨出了根、问出了底，听孩子终于说出了心中不快的原因，他们就松了一口气，撂下一句："嘿，就这个啊！我以为怎么了呢，这有什么好难过的？"所以也不要怪孩子不想说，或者用一句"没怎么"搪塞过去。

避免走到这一步，说难也难，说容易也容易。难就难在，小孩儿的那些心事在成年人看来是那么不值一提，我们都忘记了，我们曾经也被同样的问题困扰；容易就容易在，人和人之间相处的原则是相通的：一颗真心换另一颗真心。

19 当孩子一输就翻脸

以前我一直觉得饼饼的心态不错，玩游戏输了也无所谓，"积木倒了情绪就崩溃"这样的事在我家鲜有发生，这些小沮丧都不会对她的心情造成影响，输了下次继续玩，继续输。但是饼饼3岁左右的时候，种种"输不起"的迹象开始冒头，她变得对输赢极度敏感。如果对她说出"你输了"三个字，她一定会情绪崩溃，反应过度。

从"心态好"转变为"输不起"，可能是基于两个维度的原因。一是内在原因，也是主要因素，那就是孩子自身的非智力因素在发展。一个研究结论表明：孩子在学校的成绩表现，受非智力因素的影响程度高于智力因素。具体而言，狭义的"非智力因素"包括动机、兴趣、情感、意志和性格等方面。把它们拆解成心理因素，并深入剖析，就可以理解它们为什么会对学生在校的表现产生重要影响。

动机：成就动机。

兴趣：求知欲望。

情感：学习热情、责任感、义务感、荣誉感。

意志：自制力、坚持性、独立性。

性格：自尊心、自信心、好胜心。

追溯"输不起"的根源，我们就会发现其实就是非智力因素中的好胜心变强了，它跟孩子的在校表现是正相关的，起促进作用。现在再回过头看看那个变得越来越"输不起"的孩子，是不是突然能理解他了呢？

再说说"输不起"的外部原因。许多人一方面不希望孩子输赢心太重，另一方面却在日常生活中不自觉地通过各种方式强化输赢的概念。饼饼回家脱鞋、脱外套磨磨蹭蹭，她爸爸就假装跟她比赛，看谁脱得快；饼饼在沙发上躺着，我为了让她运动起来，要跟她比赛谁先跑到门口。每次假装或者认真的比赛都强化了孩子的竞争意识。退一步说，即使我们在生活中努力为孩子打造一个没有竞争的环境，孩子也难免在幼儿园跟同伴竞争。在幼儿园门口待上五分钟，就会看到孩子们从楼梯冲到大门都要比一场，先摸到门的会得意地大喊"第一"。**好胜心是社交层面的心理因素**，在与同伴的竞争面前，我们凭一己之力，根本阻止不了它的膨胀。

很多大人可能无法理解，不就是玩个游戏吗，有什么了不起的，输了至于哭成那样吗？可是那些输球的七尺男儿，不也是一个个垂头丧气，泪洒球场吗？输的感觉真的很难受，没必要回避这种感受，连大人都不是那么容易消化的情绪，不能要求孩子克服。哭也好，发脾气也好，情绪低落也好，这些都是孩子表达沮丧的方式，合情又合理，没有理由压制。情绪的火苗有一个特点：这边扑灭了，那边就会烧起来，而且烧得更猛。不如就让火苗燃烧，让孩子把情绪释放出来，这样反而能让情绪更快地稳定下来。

培养抗挫力，不是让孩子对输产生免疫，而是让孩子在经历失败后依然有回弹的力量。这种回弹力并非仅仅通过空洞的加油鼓劲就能获得，"爸爸妈妈相信你一定能行"这样的鼓励，往往显得苍白无力。回弹的前提是，孩子自己发现失败后什么都没发生。没有苛责，没有比较，没有冷嘲热讽，让他们意识到这是一个对输家友好的环境，输是很安全的一件事。我们三个人玩桌游的时候，有时候我输了，饼饼爸爸跟饼饼庆祝完，就开始笑话我："妈妈又输了！哈哈！"我知道她爸爸是故意气我，但是孩子从中接收到的信息是输家会被嘲笑，输很丢人。在一个对输不够包容的环境中，孩子连输的勇气都没有，当然没有回弹的力量。他们一定会顾虑：如果我回弹后又输了怎么办？岂不是正好证明了自己很蠢？所以这时候我会说："我输了不代表什么，我也不能总赢，以后再赢你们吧！"其实这句话是说给饼饼听的，我想给她传达

松弛养娃——育儿这条路，你不必追着跑

一个信息：**这个游戏结束后，还有下一个游戏，生活是个无限游戏，输输赢赢，赢赢输输，都不是永恒的。**

现在饼饼也学会了，她心情好的时候，也会在输掉桌游后云淡风轻地说一句："下次我再赢你们呗！"**培养抗挫力当然不是给孩子制造挫折，而是当挫折发生时，接纳他们的沮丧，让他们知道失望就是生活的一部分，放下对完美结局的执念。**很多时候不是孩子害怕失败，而是我们对成功的定义过于苛刻。

在一个对输家友好的环境里，"失败—沮丧—尝试"的循环自然会实现。有人可能会说，不用这么麻烦，故意输给孩子就行了，母慈子孝，天下太平！偶尔这样，让孩子体验一下赢了爸爸妈妈的感觉，未尝不可，但我非常不赞同为了保护孩子的好胜心而经常故意输给孩子。如果没有教会他们如何面对输，那么每一次的假赢都可能是伤害。

20 当孩子为了一只死虫子伤心

有一天下午放学，我带饼饼和她的一个朋友在公园里玩。回家路上，饼饼一副心事重重的样子，我问她："你是不是觉得没玩够啊？"她停下来，表情凝重地看着我说："妈妈，你知道吗？她把一只小瓢虫杀死了。"说到这里,她的嘴噘了起来,我有点儿措手不及,根据我对她的了解,如果这个表情持续十秒,便会迎来一场大哭。"啊?你看到她伤害小瓢虫了是吗?""不是伤害,是杀死了。用石头拍死了,拍扁了,小瓢虫不动了。"她怕我不理解,两眼一闭,上半身往后一仰,模仿小瓢虫的样子给我看。然后,她哇的一声哭出来,眼泪和鼻涕都抹到了我新买的真丝衬衫上。我赶紧用手擦,但是太晚了,已经渗进去了,我也要哭了。我问她:"那你当时说了什么?你有阻止她吗?""没有,我忘了!"她哭得更大声了。

我担心她开始陷入自责,后悔自己为什么没有阻止朋友拍死小瓢虫,于是我把她抱在腿上说:"我知道你一定很难过,她怎么能这样啊,瓢虫虽然小,但也是一个小生命对不对?"

饼饼说:"就是啊!小瓢虫那么可爱!而且它还有爸爸和妈妈,爸爸妈妈是大瓢虫。可是现在,小瓢虫死掉了……"饼饼好像刚刚亲眼看见了小瓢虫一家曾经其乐融融的画面似的。我就这么抱着她,让她的头搭在我肩膀上。等她哭得差不多了,我继续说:"我觉得你特别有爱心,她那样做真是太残忍了。如果下次再看到类似的事情发生,你可以阻止她,告诉她这样做是不对的,好不好?"饼饼点点头,马上不哭了。

我们继续往家里走。我一边走一边琢磨,总觉得刚才的一番

松弛养娃——育儿这条路，你不必追着跑

话有点儿不对劲，又说不出哪里不对劲。饼饼突然抬头问我："妈妈，杀死小瓢虫不对，但杀死小蜘蛛是对的，是不是？"这句话一下子把我问住了。我从小怕蜘蛛，即使看到蜘蛛网也会心跳加速，大脑一片空白。如果我在家里看到活的蜘蛛，无论饼饼的爸爸当时在做什么，他都得先过来把蜘蛛处理掉。这些饼饼都看在眼里，难怪她那么认真地问我杀死小蜘蛛对不对。

我该怎么回答？瓢虫是生命，蜘蛛就不是生命了吗？难道就因为瓢虫看着可爱，蜘蛛看着有点儿恐怖，所以瓢虫就应该被同情呵护，蜘蛛就该被打死吗？我突然意识到一个严重的问题。在我对孩子尝试进行价值观引导的时候，我是自相矛盾的，逻辑不自洽的，知行不合一的。

我相信大多数父母如果遇到这个情况，大概也会像我一样，脱口而出就是一段生命教育：生命再小，也值得被尊重。这句话听上去很有道理，但是，我们都打过苍蝇，苍蝇难道不是小生命吗？有人会说，苍蝇是害虫，应该被打死。所谓的害虫和益虫，都是从人类的角度去定义的。人类觉得苍蝇有害，但苍蝇也不过是为了生存，做了苍蝇应该做的事而已。

我还有另一件事想不通，就是饼饼在池塘边看鸭子，也直呼小鸭子可爱，但这也没妨碍她回家开开心心地吃盐水鸭。她没有一边吃一边哭着说"鸭子这么可爱，怎么能吃掉它呢"。我想她的难过也许和生死的关系不大，或者说生死不是她难过的主要原因，用一只被拍死的瓢虫进行生命教育，也不合适。

饼饼觉得难过更可能是这两个原因：一是，价值观受到了巨大的挑战。孩子会根据自己接收到的信息，逐渐建立起一套自己对世界的评判标准，也就是最初的价值观。这个价值观不一定在传统意义上是正确的，但孩子不这么想，因为他们是"孩子脑"，他们会觉得他们的想法就像尺子。他们觉得瓢虫很可爱，应该被保护，那么全世界的人也应该这么认为，这么做。而当他们发现身边的人居然做了完全背离他们价值观的事，他们就会觉得难以接受。这大概也是为什么很多孩子会因为一些小事而伤心落泪，而成年人觉得这没有什么好哭的，只不过是小题大做，孩子的心理太脆弱了。二是，人性中善的一面让他们因弱者遭受苦难而难过，更因自己的无能为力而悲伤。

我上小学的时候，放学回家会路过一个饭店的后门。有一天，我看到几只羊羔被拴在后门边上的一根柱子上，几米外就是被宰了的羊的尸体，肉已经被削掉，只剩骨头。那几只羊羔就对着骨头发呆。看到这一幕，我特别难过，难过到想要流泪。我从路边拔了一些草，过去喂那几只羊羔吃，我居然看到它们在流眼泪。第二天放学路过那里，我发现那几只羊羔不见了，旁边多了一堆骨头。十几岁的我，站在路边大哭。我对羊肉串的爱是真实的，而对"羊肉串原料"的悲悯，也是真实的。我替任人宰割的羊难过，更为自己的无能为力而难过，尤其在看见"凶杀现场"之后，这种无力的感觉更加深刻。

想到这些，我终于知道我说的哪里有问题。我试图通过这件事告诉饼饼一条做人的标准：朋友拍死小瓢虫是错的，残忍的，饼饼想要保护小瓢虫才是对的。可我一直也想让她明白，这个世界是多元的，人和人的想法是不同的。饼饼觉得小瓢虫可爱，我们应该保护它，但朋友也可以觉得小瓢虫不可爱，不用保护它。这并不代表对方是个没同情心的人，也不能因此对她进行道德评判，更上升不到"不尊重生命"的高度。一只小瓢虫并不能代表全部生命，如果换成小狗、小猫、小鸟，换成人，我想她一定知道不能随便拿块石头拍死。我本想和饼饼重新讨论瓢虫和蜘蛛的问题，但她已经蹦蹦跳跳地去看鸭子了，把刚才的难过抛之脑后了。

如果下次遇到类似的情况，我想我会说："你看到小瓢虫死了很难过，妈妈觉得你真的很善良，有同情心（共情没有错）。但是你有没有发现，我们觉得小瓢虫可爱，需要被保护，但好像有的人不这么想。别人不一定总是和我们想的一样（理解人和人是不同的）。下次你可以大声地说出你的想法，告诉对方，你觉得小瓢虫很可爱，不应该拍死它。尽管我们不一定能改变别人的想法，但我们永远可以表达自己的想法（鼓励表达自己的立场）。"

　　善良和同情心值得被肯定，但孩子不是成长在童话世界里。**他们总会看到人性中不善的一面，见识各种各样的人，接受无法改变的事**。价值观被不断地冲击、推翻、重建、修补。这样孩子会痛吗？当然会，但这就是成长的一部分啊！

21 当孩子在家大喊无聊

让孩子有无所事事的勇气

　　我去幼儿园签入托合同那天，看到小班的孩子们（0—3岁）吃完早饭正在幼儿园大厅里"放羊"，美其名曰"自由活动"。我一只脚刚刚踏进门，五六个小孩儿就围了上来。他们扒着门口的安全围栏（防止孩子们跑出门的围栏），像观赏动物一样盯着我，看得我浑身发毛。我假装淡定地脱下外套，穿好鞋套，整理了一下头发，一抬头发现他们还在看我！我赶紧掏出手机，打开相机的前置摄像头，看了看自己的脸上是不是有饭粒。在孩子们众目睽睽之下，我走进了园长办公室。关上门后我问她："我做错了什么吗？他们为什么盯着我看？"园长乐了，说道："幼儿园突然进来一个陌生人，孩子们肯定觉得新奇，所以就围上去看了。这也算他们的'自由活动'。"

　　小朋友不去好好唱歌、做游戏、搭积木，盯着陌生人看都能当作活动项目，这么无聊的幼儿园，我是不是要重新考虑一下呢？但接下来我亲历的几个"无聊"事件，让我的看法彻底改变了。有一天我去幼儿园接孩子放学，我看到饼饼坐在花园的地上，不挖沙子不玩车，不滑滑梯，也不观察花草，而是对着一片空地发呆，一副百无聊赖的样子。这不是我第一次看到她什么都不做，只是在发呆。我忍无可忍，找到幼儿园老师，直截了当地问他："我的孩子在幼儿园经常这么无聊吗？"老师看到我一本正经的样子，笑了起来，看了一眼饼饼所在的方向，转过头来对我说："饼饼大概发现了什么好玩的东西，可能是树上飘下来的叶子，可能是形状奇怪的云彩，也可能就是单纯在想事情。大人看她好像什么都没做，但她的内心世界比你想的丰富，一棵草、一片树叶都能让她着迷，她不会那么轻易无聊的。你的孩子在幼儿园吃得香、睡得好，大部分时间都在玩耍，探索她能触及的一切事物。但是，不只是玩耍重要，无聊也同样重要。无聊能够激发孩子的创造力，他们有'无聊自由'，那是他们自己专属的时间，我们要尊重！"这时候，我看到刚刚还在发呆的饼饼，突然兴奋地大喊："鸟！鸟！飞！飞！"我顺着她看的方向看过去，一只黑白相间、羽毛油亮的鸟扑腾着翅膀飞到树上去了。原来之前我看到她百无聊赖的时候，她其实是在着迷地观察那只漂亮的大鸟。我开始赞同老师说的话：**孩子的内心世界比成人想象中的丰富得多，他们没有那么容易无聊**。但是，我只能同意一半。对于老师说的"无聊激发创造力"，我还是不屑一顾，所谓的"无聊自由"，不过是在给懒惰找借口。

直到有一天我感冒在家休息时，发生的事改变了我的想法。饼饼想玩磁力片。平时跟她玩磁力片时，我会教她各种玩法。比如，我搭房子让她玩动物入住的游戏，我搭粮仓让她玩储备坚果的游戏，我搭大桥让她在桥上开小汽车，我搭小桌椅让她请动物们吃饭……我这样做就是为了让饼饼觉得磁力片很有趣，玩着不枯燥。但是那天我完全没有陪她玩的心思。想起老师说的"无聊自由"，我心安理得地躺在了爬行垫上。饼饼面对一堆散乱的磁力片，开始第一次尝试自己拼接平面图形。她什么时候掌握了这个技能，我怎么都不知道？以前每次拿出磁力片，我就立刻摆出各种好玩的造型，给她当游戏道具，她根本没有机会展示技能。拼了一会儿图形之后，她又开始感到无聊。不过没多久，她就自创了一个我从来没有想过的玩法——透过磁力片看我。她用其中一个颜色的磁力片看完后，再换另一个颜色的磁力片看，坐着看完趴在地上看，正着看完倒着看。我躺在爬行垫上一动不动，她自己却笑得前仰后合。这时我想起老师说的话：**无聊激发创造力，**

无聊跟玩耍同样重要，有时无聊本身就是一种活动项目。

当孩子看似百无聊赖

有一阵，饼饼的幼儿园关门了，她一天到晚待在家，在我眼前晃荡，喊无聊，觉得没劲。孩子觉得无聊，这是谁的人生课题呢？很多人都知道这是孩子自己的课题，也有很多父母会把这个课题揽过来变成自己的课题，觉得应该对孩子的心情负责。这样就很容易产生两种情绪：一是自责，二是焦虑。

饼饼冲我喊无聊的时候，我会不绕弯子地告诉她："我知道你想让我陪你玩，可是这会儿妈妈得工作，如果你实在无聊，那就自己想办法找点事做吧！"饼饼被拒绝了，当然会失望，但也就持续几秒钟，不用多久，她就能给自己找到乐子。比如，躲在晾衣架下面，用衣服挡着脸，从衣服后面发出笑声——我也不知道她在笑什么。说来奇怪，所有来我家玩的小孩儿，都喜欢躲在晾衣架下面"偷窥"大人，乐此不疲。孩子有他们消遣无聊的方式，不一定总是按照我们期待的那样打发无聊的时间。不少家长虽然说让孩子自己安排时间，但一看到孩子是用这样的方式排遣无聊的，就忍不住给他们布置任务，要么安排他们去读书，要么让他们玩一会儿拼图，又或者督促他们做练习册。我就觉得十分费解，大人自己无聊的时候，总是会通过读书、玩智力游戏或者学习来打发时间吗？如果不是，那么为什么孩子排遣无聊的方式就非得如此"正能量"呢？很多人见不得孩子无聊，恨不得每分钟都给他们安排得满满的。此外，当孩子遇到了问题，很多人第一反应永远是"我必须行动，我必须做点什么"，如果不做，就觉得自己没尽到责任。

很多时候，"不做"也是一种努力，"无为"反而是更好的作为。想想我们小时候，没有网络，甚至连玩具都很少，可是为什么我们很少觉得无聊呢？一是那时候的孩子大部分时间都在外面玩耍，在大自然里本来就更容易找到乐趣；二是那时候的家长不会给小孩子把时间表排得满满登登。孩子忙着玩，大人忙着工作，形成了一种很完美的相处方式。

我在第一章里提到的德国公立幼儿园的主流理念——皮克勒教育理念，其中一条就是自由玩耍。很多人会不理解为什么自由玩耍也是一种理念。自由玩耍有什么技术含量呢？我们来设想一下，同一个玩具，手把手地教孩子怎么玩，和让他们自由发挥创造玩法，二者相比，哪一个的技术含量更高？或者说，是让孩子抄写一篇优秀作文的难度大，还是让孩子自己写出一篇优秀作文的挑战性高？是的，自由玩耍才是有技术含量的。不过，抄写和创作不冲突，教孩子玩和自由玩耍也不是对立的。现在普遍的情况是，孩子一天到晚比大人还忙，根本没有自由玩耍和无聊的时间，但凡有一点儿"无所事事"，就会被神经紧绷的家长立即安排事情去做。

在我的童年时光里，我特别喜欢对着窗外发呆。白天我看着窗外郁郁葱葱的树叶，想象树上的知了之间会说什么；晚上我把窗帘拨开一条缝，对着月亮发呆，想象月亮上的兔子吃什么。父母现在和我说起一些他们认为我会印象深刻的事，我都记不得了，但我还记得一个人对着大树和月亮发呆的情景，这些无聊的碎片就是童年啊。

独处往往伴随着无聊，而很多人却缺乏消化无聊的能力。他们从小没有机会练习独处，时间表永远被老师、家长塞得满满登登，习惯了匆匆忙忙的日子。成年后，一旦生活中出现"真空"的状态，他们可能就会非常不适应。我们现在往往更重视培养孩子的各种学习能力，但我想说的是，**独处也是一种要练习的能力，无聊对孩子来说非常重要。**

不敢按下暂停键，不敢给生活留白，很大程度上是因为大人的神经一直紧绷着，处于情绪性疲劳中。需要被治疗的是家长，而不是那个有点儿无聊的小孩儿。

Part 5 第五部分
行为自由：每个"问题行为"背后都有理由

22 当孩子学会放狠话

饼饼4岁的时候，有一次眼神犀利、咬牙切齿地对我说："我要把你扔进垃圾桶里！"我一猜就知道，她这话肯定是从幼儿园学的，而且我几乎可以确定是跟哪个孩子学的。我问了一下，果然猜得没错。她们班有个公认的行为有问题的孩子，就是之前提到过的那个总是莫名其妙摸饼饼脸的男孩。不只是饼饼，饼饼同学的妈妈也和我说过，儿子有次恶狠狠地对她说"我要开车撞死你"，也是跟那个男孩学的。虽然饼饼从男孩那里学了不少坏话，但是我倒没把它当成一个太棘手的问题。因为那个男孩在班里没有朋友，所有的孩子都不喜欢他，他已经得到了自然后果的惩罚。我只要告诉饼饼男孩这么说很不礼貌，会失去朋友，让自己变得非常不受欢迎，饼饼就知道不能学他了。

比较棘手的情况是，说坏话的孩子不仅没有被自然后果惩罚，反而在孩子中间很受欢迎和追捧，更糟糕的是，自己的孩子还乐意和他一起玩。家长往往有一个感触，给孩子培养一个好习惯需要好几个月，重复几十遍到上百遍，但是学坏不需要教，孩子分分钟就能学会，看一次就够。因为"坏"很有吸引力！家长口中所谓的坏孩子，在孩子的眼里可不坏，因为他们敢做出格的事。跟他们在一起玩，有很多新鲜又刺激的体验。孩子觉得这很酷。酷在哪里呢？酷在敢出格，敢跟成年人制定的游戏规则抗衡。骂脏话、放狠话、摔玩具……这些语言和行为都带着一股力量感。孩子模仿的不是"坏"，而是期待自己也拥有那种力量感。退一步讲，孩子当然不只是相互学坏，他们模仿了很多东西，可能大部分都是好的和中立的，但是大人经常戴着滤镜看孩子，所以会产生聚焦错觉，眼睛只盯着那一小部分的不好，然后无限放大——很多焦虑就是这么产生的。

遇到这种事我们应该怎么办呢？"不要和他玩"并不是个办法。"哪里着火扑哪里"的效率很低，总有我们顾不过来的时候，不如从根源上着手，加强"防火意识"，给孩子建立底层价值观。

建立底层价值观要把握一个原则：多传达"我"的感受，就事论事，少评判孩子的动机，对事不对人。

饼饼冲我吐口水，我就告诉她："你和你的朋友 A 相互吐口水，觉得很好玩，这个没问题。但我不喜欢被吐口水，我的感觉很不好，而且冲别人吐口水的行为是很不礼貌的，还可能传染疾病。"

"我不喜欢被吐口水"是在表达感受，"冲别人吐口水的行为是很不礼貌的"是在就事论事——不要上升到"学坏"（不评判动机），也不要说这是坏孩子才能做出来的事（对事不对人）。这个句式可以套用在很多情况中。

其实，幼儿园的孩子就算"交友不慎"，也不必过分紧张。一是小朋友的社交圈子很不稳定。今天"他是我这辈子最好的朋友"，过几个月再见面却和不认识一样。今天孩子学他吐口水、说脏话，觉得新鲜、刺激、好玩，但学多了也就觉得无聊了。二是底层价值观筑牢了，心里就不用太慌。一些行为看上去很让人紧张，但其实孩子在模仿的过程中，心里知道这些行为是不妥的，模仿只是因为觉得好玩，或追随力量感，以及为了更快地融入对方的小圈子。

只要底层价值观是端正的，细枝末节就任它去吧，这就像种树，主干向上生长就可以了，实在没必要为了保证主干的营养，砍掉所有的枝丫。

23 当孩子开始说谎话

一位读者曾向我求助:"孩子明明吃了糖,却不承认。才3岁多,他就学会撒谎了,我该怎么办?"她说她气的不是吃糖这件事,而是孩子撒谎。

其实我们都清楚,说真话有时就是要付出代价,而撒谎有时确实能让日子好过一点儿——这个事实,3岁小孩儿已经弄得一清二楚了。

饼饼还不到2岁半的时候,也开始时不时"睁眼说瞎话"。她明明早上喝过酸奶了,转头就跟我说还没喝;明明还没刷牙,她却一口咬定刷过了;自己把腿上因湿疹而起的小红疙瘩挠疼了,指着爸爸说是他弄的。

很多人第一次听到孩子撒谎,脑子里立刻"拉响警报":小时偷针,大时偷金,话还没说利索,就先学会撒谎了,长大了还得了?我们以为这是第一次听到孩子撒谎,其实并不见得,孩子人生中撒的第一次谎,往往是在我们的引导下完成的。比如,朋友送给孩子一套衣服,我们明明觉得丑极了,依然假装高兴,还希望孩子也做出喜欢的样子。

研究表明,在2岁的孩子中,有30%的孩子可以撒出一个让人信服的谎;到了3岁,这个比例上升到50%;4岁时升至80%。

这些数据也从侧面告诉我们，几乎所有孩子都撒谎，那些会撒谎的孩子才是正常的大多数。

学龄前的孩子撒谎，实际上可能只是无法很好地区分现实发生的事情与虚构想象的情节，他们可以在两个世界之间自由切换。这种无法完全区分现实和想象的混沌阶段，在2—4岁达到高峰，在6岁后逐渐消失，个别孩子甚至可以一直持续到学龄后。

饼饼基本每天放学都带"文身"回家。我得出一个结论：A老师是文艺派，B老师是豪放派。为了验证这个结论，我每天都问饼饼："今天谁给你画的'文身'哪？"饼饼每天都会给我一个干脆又明确的答复，对此我从未怀疑过。直到有一天，她告诉我："小灯笼是B老师画的。"而我知道B老师前一天刚做过手术，这两周都躺在医院里。我问她："你再想想，是谁画的？是不是A老师？"饼饼斩钉截铁地说："是B老师画的。"

如果说撒谎是为了达到什么目的或逃避什么后果，那这件事没什么值得撒谎的。她为什么不说实情呢？原因很简单，她也不知道哪个是实情。也许她之前记得是A老师画的，后来又在脑海中想象了B老师为她画灯笼的场景，而这个场景骗过了她的大脑，让她以为是真实发生过的情节。我们能因此给她贴上撒谎的标签吗？

我们观察孩子玩过家家多么投入，就可以理解他们脑中那个"错乱"的世界了。现实和想象都混成一锅粥，我们一定要让他们把粥里的大米捞出来,小米继续留在锅里煮,怎么可能?

撒谎意味着更高的认知能力,主要体现在两方面:

第一,**孩子开始意识到自己的内心与他人的内心是不同的**。也就是说,他们开始意识到"原来妈妈没法儿知道我心里在想些什么啊!"。

第二,**孩子开始拥有调节自己行为的能力**。这种能力需要孩子把真相藏在脑后,说出与记忆中不同的故事,也许还要调动感官和肢体来配合他说出这个故事,让它听着更真实饱满。这比说真话的认知水平高级多了。

两三岁的孩子如果会撒谎,说明这个孩子的社交能力发展得相当不错。鼓励诚实没错,但我们是社会人,不是生活在真空中。社会人之间的协作在某些情况下需要通过撒谎才能实现——这一课孩子早晚会学,他们往往在观察大人们的行为过程中偷偷地自学。诚实不是唯一的行为准则,撒谎也不能跟学坏画等号,所谓童言无忌,可能是社交能力还未修炼纯熟。

24 当孩子不好好说话哼哼唧唧

曾经我以为,如果我在孩子的哭号声中依然可以保持情绪稳定，就非常厉害了。现在才知道，那时我还是太年轻。孩子的哭闹并不算什么，闹一阵也就过去了——情绪来得痛快，走得也干脆。最熬人又难对付的，莫过于从早到晚哼哼唧唧不好好说话，简直就是慢性折磨。

饼饼有一阵子就是这样，十句话有八句带哭腔。耳朵被她的哭腔塞满，我的无名火往脑门儿上蹿。面对这种情况，我尝试过很多办法，比如装傻。她从外面回来，哼哼唧唧让我帮她脱外套，我假装听不懂，说："你说什么？你这么说话妈妈听不懂，你能好好说话吗？"这会刺激到她，她哼唧得更大声，一边跺脚一边催我："你快啊！你快啊！你快啊！"大多时候我不胜其烦，就按照她说的去做了，但有的时候，我会坚持到她平静下来好好说话为止。这个拉锯过程非常煎熬，而且治表不治里。脱完外套，她依然不好好说话，哼唧得更厉害了，好像在报复一样。

此外，我还试过找榜样的方式。饼饼觉得自己是大孩子，在幼儿园交的朋友都比她大，不屑跟比她小的孩子一块儿玩。她不好好说话的时候，我就问她："你总说你是大孩子，你的那些大孩子朋友会这样哼哼唧唧地说话吗？"她摇头。我趁热打铁说："大孩子都会好好说话的，你如果真的是大孩子，那就做出大孩子的样子来，不能光嘴上说自己是大孩子，但总是做小孩子才做的事情。"我正为自己的严密逻辑感到骄傲时，她又开始哼唧了："我不是小孩子!我不是小孩子!我不是小孩子!"无论我出什么招儿,她都不按照我的剧本往下演。

除了不好好说话,有一阵子她还出现一系列的"退步"现象。以前她很多事都争着自己做,我插手她都不让,现在简直是生活不能自理。换衣服要我陪,洗手要我陪,肥皂都让我帮她搓出泡泡,上完厕所冲马桶又哼哼唧唧,让我把手放在按钮上,陪她一起冲……有一次我实在被哼唧烦了,对她抱怨道:"你以前都像大孩子一样,会好好说话,会自己做很多事,现在又变回那个小孩子了,我真的不知道你怎么了,为什么越长越小了。"说完这句话,我似乎明白了点什么。"越长越小",这不就是儿童发展心理学中提到的"儿童行为倒退"吗?行为倒退是一种下意识的防御机制,使自我暂时或长期回归到发展的早期阶段。也就是说,当我们认为孩子应该长大了,可以自己做很多事情的时候,他们却突然变得像个小婴儿一样,什么都不会做,做什么都需要帮忙,甚至连话都不会好好说了。6岁前的孩子都可能经历行为倒退,但只要不是极端情况(比如突然不会走路、不会说话),都是正常的。他们的心路历程大致是这样的:先是自主意识变强,"我会自己做,不用你帮忙",后来自己做得多了,发现父母的关注变少了,认为还是当小婴儿比较轻松,"那我就变'小'吧,什么都不会,这样爸爸妈妈就可以像以前那样围着我转了"。从大人的角度看,当孩子开始自己做很多事,有了自己的小社交圈时,我们很容易觉得孩子长大了。其实,这个长大只是相对的。从2岁到3岁,他们确实长大了,但只是长大了一岁而已,他们还只是孩子。

我之前对付饼饼哼唧的招数全都失败了,现在也似乎得到了解释。倒退只是表象,他们并不是真的能力变弱了,只是故意做出"退步"的样子,让自己看上去更弱小,以此博得父母更多的关注,寻找安全感。我们永远无法叫醒一个装睡的人,也永远无法让一个假装弱小的孩子长大。这么一想,孩子也是可爱得让人心疼。明明内心的诉求是获得更多的爱和关注,做出的行为却惹人嫌,结果适得其反。面对孩子的行为倒退,并没有立竿见影的应对方法。行为倒退是自我心理调节的一种保护机制——越想打破它,这个保护机制就越警觉。作为家长,我们能做的只有理解。如果不能理解,起码不要指责孩子"不如小时候"。**变小变弱不是他们的本意,他们只是不懂得如何索取更多的爱和关注,于是用了一个很笨的方法。**

既然明白了孩子的诉求是得到父母更多的关注,那就给他们关注,让他们意识到,作为大孩子也可以得到同样多的关注和爱,只是形式不再局限于照顾生活起居。有一阵,饼饼在爸爸面前特别任性,早上爸爸给她换衣服、涂保湿霜,她全程哼哼唧唧不配合,但一换成我,她马上就好很多,而爸爸在一旁一副很不理解的样子,悻悻地看着我们。我后来和他说:"饼饼每天从幼儿园回来,你都在书房工作开会,就连抱她都不离开办公桌,给她传递的信息就是'爸爸的工作比陪我更重要'。你哪怕抽出十分钟的时间,停下工作,从书房走出来,全身心地陪她一会儿,对她表达爱意,玩一些'爸爸独家'的游戏,她也会感到很满足。"爸爸觉得很冤,说:"我陪她的时间不少啊,每天早上都是我陪着她起床啊!"陪着和陪伴是两码事。**陪伴要求是全身心地陪伴,要有感情的投入,不能只是单纯地陪着。**

饼饼现在还会出现行为倒退,但在那个阶段偶尔也会好好说话,做事配合,好像心中那个渴望长大的小人儿获得了暂时性胜利。这时候,我会赶紧对她说:"谢谢你的配合,你的配合对我很重要。"

很多孩子都会经历行为倒退,尤其是性格比较敏感的孩子,更容易觉察到父母态度的微妙变化。他们一方面渴望当大孩子,做一些很厉害的事;另一方面又害怕失去当小孩子的特权,不再得到父母的全情关注。渴望长大,又害怕长大,这是一场在独立和依赖之间的纠结。纠结着纠结着,他们就真的长大了。

25 当孩子嗜糖如命

嗜糖如命才正常

谁都知道吃糖不好，尤其是添加糖，百害无一利。孩子的口味千差万别，有的不吃鱼，有的不吃西蓝花，但从没听说哪个孩子不喜欢吃糖，这是为什么呢？原始社会时，我们的祖先们经常是吃了上顿没下顿。人的胃容量有限，那个时候条件比较恶劣，要尽量吃一些热量高的食物来保证身体有足够的能量。他们是怎么知道什么食物是高热量的呢？他们发现吃完甜的东西浑身上下有劲儿，这传达的信息就是"高热量"。基因是"自私"的，只要促进人类存活下去，这就对它的发展有利，于是它把人类变成一个爱吃甜食的物种，并把这种偏好刻入人类的大脑和肠道中。还有，明明吃饱饭了，这时候再端上来一块蛋糕，为什么我们还是吃得下呢？再说回原始社会，人们平时想吃兔肉其实不太难，打了一只还有一只，但是吃果子就没那么容易了。一棵树的果子就那么多，摘完就是摘完了，不会摘了一个马上又长出一个。一年四季都能吃到兔肉，但果子只在很短的一段时间里才有，不摘它，它就烂了，也没法儿储藏。怎么办呢？只能一次吃到撑。演化到今天，当我们面对甜食时，对"饱"的感觉都不那么敏感了，明明很撑，还是能再吃进去一块蛋糕。

孩子喜欢吃甜食，吃起来就没够，这是人类进化的结果，很正常，可以理解。嗜糖如命不是错，不是偏食，而是人类的基因就要诱惑我们吃甜食。所谓的健康饮食，可以说是与人类的本能相冲突的。

意志力和自控力是"一桶水"

对抗基因的诱惑可不是一件容易的事情。有一个很好玩的实验，俗称"胡萝卜饼干实验"。在一个盘子里放上新鲜出炉、热气腾腾的巧克力饼干，另一个碗里放上胡萝卜。然后把学生们分成两组，一组学生可以吃香喷喷的饼干，另一组学生只能吃胡萝卜，眼睁睁地看着饼干，把饼干放到鼻子前闻香味。接下来，这两组学生被要求做一道难题。这个难题是故意设计成无解的，主要是看看他们能坚持尝试多久。结果，吃巧克力饼干的学生，平均坚持十九分钟之后放弃；吃胡萝卜的那组学生，平均只坚持了八分钟就放弃了。心理学家把这个现象叫作"自我损耗"。就是说，意志力和自控力不是一种态度或者品质，而是"一桶水"，会随着使用而变少。吃胡萝卜的那组学生，调用了一部分自控力去克服巧克力饼干的诱惑，在这个过程中使用了大量意志力，于是留给解难题的意志力也就不多了。

这个实验给我们什么启示呢？无比向往却得不到是一件非常

消耗意志力的事，会在无形中减弱人们在其他方面的自控力。一个人的意志力的"水位"在一个时期内是不变的，这件事需要"舀"出来一勺，那件事需要再"舀"出来一勺，全部"舀"完就没有了。如果我们觉得生活中还有太多比"不碰甜食"更需要意志力和自控力的事，就应该尽量把"桶里的水"留在别处使。

越禁止，越失控

经过跟饼饼的一场场甜食拉锯战后，我总结了三条"甜食法则"：

第一，放下执念，允许"X+糖"。

新手妈妈真的有很多执念，直到饼饼1岁半，我都没给她买过果味酸奶。德国超市的果味酸奶的含糖量普遍高达12%—15%，这个比例着实不低。自从她在幼儿园喝了草莓酸奶，就再也不喝家里的原味酸奶了。当时把我气坏了。后来我劝自己想开点，健康饮食是很重要，但真没必要完全健康。八九成的健康饮食就可以了，另外一两成的"不健康"，其实并不会带来什么不好的后果。

我对"不健康"也分了等级。平时的"不健康"食物只能是"X+糖"。"X+糖"是我自创的词，意思是在其他提供营养的健康食物基础上添加糖。比如，超市的果味酸奶就是"X+糖"食物，酸奶是那个健康、有营养的X，在它的基础上加几分"不健康"也无妨。与"X+糖"相对的是"纯糖"，就是那些只会让孩子长胖和有蛀牙的零食。比如棒棒糖、蛋糕、甜甜圈，还有德国人特别喜欢的小熊糖，这些都不在日常放纵的范围内。

第二，特殊的日子，特殊的放纵。

如果完全不吃"纯糖"，好像生活也挺没劲的，就像减肥的人也要偶尔吃点自己喜欢的食物来犒劳自己一样，孩子也应该享有在特殊日子里放纵的权利。在家里人过生日、有特殊的事件或者度假期间，我对饼饼饮食的容忍度就相当高，巧克力、棒棒糖和蛋糕都可以吃。

不得不说，把这些全部放开，才知道平日里的"八九成的健康饮食"有多重要。饼饼在度假期间被允许吃甜食后，她对正餐就不那么感兴趣了，每天就等着吃华夫饼，一天三顿都吵着要吃华夫饼。除此之外，很多传统节日也都是要吃甜食的，这也算是仪式感的一部分。

第三，不把甜食当奖励。

这是最重要的一点，不仅限于甜食，还可以延伸到其他方面，比如"屏幕时间"同样不应该成为一种奖励手段。

有一阵子，我为了让饼饼多运动，每天放学以后我就会诱惑她说："你跟我围着公园走两圈，回家就可以吃零食。"从那以后，她每次去公园之前都跟我讨价还价。"我去运动，你给我吃零食吗？"我们越是拿零食当成做一件事的奖励，零食的诱惑力就越大，与此同时，做那件事本身就越没有意义。

希望这三条法则可以让孩子既不被人类的"嗜糖基因"牵着鼻子走，他们的意志力和自控力也不会成为被"舀"空的"水桶"。

26 当孩子把别人的东西悄悄拿回家

有一天，我接饼饼回家后，她在家门口换衣服，过了很长时间还没换好，也听不到任何声音。我警觉地过去查看，饼饼看到我，迅速地把什么东西攥在手里，藏到背后。原来是几个玻璃球。我好久没见过这种"古董"了，问她是从哪里弄来的。她环顾四周后说："从爸爸的篮球鞋里找到的。"我又问："是哪一只篮球鞋？"她犹豫了一下，指着一只白色的鞋说："就是这个。"我问她："确定吗？爸爸下午才穿过，如果里面有玻璃球，他肯定会硌到脚的，我要问问他的脚还好吗。"饼饼连忙说："不是不是，是那双黑色的篮球鞋。"后来她又改口说："都不是，是蓝色的。"饼饼可能担心被自己绕进去，干脆彻底"翻供"了，说不是从爸爸的鞋里找到的,而是从鞋柜后面的缝里抠出来的。有时候我觉得,我在孩子心里可能特别好骗,我知道她肯定是从幼儿园里偷偷拿回来的。

这种事情非常普遍,几乎所有孩子都会做,只是家长有没有发现的区别。对于这种行为,我认为一定要根据不同年龄阶段孩子的特点来区别对待。

对于两三岁的孩子来说,拿走别人的东西,是因为他们的物权意识还很模糊,没有那么明确的界限。从四五岁开始,孩子的物权意识正式形成,他们会维护自己的东西,知道超市的东西要买了才是自己的,幼儿园的东西是幼儿园的,别人家的东西是别人的,不能随便拿走。但是,人都有渴望拥有的欲望,喜欢一样东西想马上拥有它,这是很自然的想法,和孩子正在形成的物权意识是相悖的。对他们来说,要不要偷偷拿走这个东西,其实就是内心中欲望和物权意识的斗争,还上升不到道德品质层面。有那么一瞬间,"欲望小人儿"打败了"规则小人儿",于是,饼饼决定偷偷从幼儿园拿几个玻璃球,就这么简单。

我要怎么处理这件事呢?我先是表示理解,跟饼饼说:"我知道你很喜欢这些玻璃球,确实挺漂亮的,妈妈小时候也喜欢玩玻璃球,没想到今天还能见到这种'古董'。你想要一个东西,其实有很多办法,比如,你可以问妈妈能不能帮你买,或者问这个东西多少钱，说不定你的零花钱就够买。你还能想到什么办法呢？"饼饼说："我也可以问问东西的主人能不能拿我的东西和他换。""是呀！这么多的办法，一定不包括不经过别人的同意，悄悄把他的东西拿回家。"我故意把这个行为说得很委婉，尽量绕着说，而不是直接用"偷东西"这个字眼。5岁的孩子已经能从绘本故事里知道小偷不是好人，如果用这个词去定义饼饼，我觉得挺打击她的自尊心的。很多孩子拿走别人家或者超市的东西，有可能是因为家长对他们的物质欲望压制得太厉害。在一些孩子的认知中，**"拥有东西"是安全感的象征**。我没有说这是一个正确的价值观，我是说很多处于这个年龄段的孩子，会有这样的一种感受。长期在物质上有匮乏感，会让他们的"欲望小人儿"更容易打败"规则小人儿"，通过拥有东西来填补安全感。

然后，我继续引导饼饼共情他人。我问她："如果别人来家里玩，一声不吭把你的小皇冠拿走了，你会是什么感受呢？"饼饼说："我会很难过。""是呀，那如果你拿走了别人的东西，别人也会很难过。如果每个孩子都从幼儿园拿走几个玻璃球，幼儿园就没有玻璃球了，大家就没办法用玻璃球玩游戏，是不是都会很难过？"

最后，物归原主是一定要的。我问饼饼："你可以把玻璃球还给幼儿园吗？"她点点头。我又问："我给你一个小袋子装着，早上你拿去还给老师,可以吗?"她突然很激动地说:"我不想!不想!"我马上明白过来,她想还回去,但她不想让老师知道她拿了玻璃球。很多人为了让孩子重视起来,故意把归还的过程弄得很"隆重",要求孩子在众目睽睽之下归还,让孩子用自己全部的零花钱给对方买个东西赔礼道歉,令孩子在众人面前难堪。我觉得实在没必要。像饼饼这种情况,她已经意识到这个行为是不好的,不然她不会东躲西藏,不会编瞎话想搪塞过去,不会不好意思当面还给老师。她受到了自己内心的谴责,已经够煎熬了,不必让她再接受他人的"道德审判"。

我故意压低嗓音,凑近她耳边轻声说:"那你明天早上悄悄地把它们放回幼儿园的篮子里,好不好?我不和老师说,你也别让人看到了,这是个秘密。"饼饼的表情一下子放松了。她拿过来一只手套,一边掏一边说:"这里面还有几个玻璃球,我明天也拿回去吧!"我看得目瞪口呆,真是藏"赃物"的"高手"啊……饼饼压低声音(家里其实只有我们两个人),悄悄和我商量对策,怎么在神不知鬼不觉的情况下,把玻璃球放回幼儿园的篮子里。我们一起想了一个方案。第二天一早,她带着"神秘任务"去幼儿园了。

事情的经过就是这样的。我不敢说这是最好的解决方法,但我确定的是,上纲上线,羞辱打骂,让孩子当众难堪出丑,不仅解决不了行为问题，还会带来更多的心理问题。很多父母表面上是在教育小孩儿，其实是打着教育的幌子欺负孩子，希望我们都不会变成这样的父母。

27 当孩子总爱吹牛

我的一位读者曾经求助我，说她发现孩子最近开始编瞎话。明明芭蕾舞课每个小朋友都有奖牌，女儿回家和没去陪她上课的姥姥姥爷说只有她自己有，因为她跳得最好。可是那节课恰好是公开课，读者进去看了，女儿做得是班里最差的，老师全程需要不停提醒她注意动作。读者问我要如何纠正女儿说谎。

类似的情况在饼饼身上也发生过。每次有小朋友来我们家玩，看到饼饼的小提琴，饼饼就会跟人家说，她会拉多少支圣诞曲子（其实一支还都没学完），她拉小提琴多么动听。我从笑而不语到开始自我怀疑，难道她拉得真的很动听？我并没有要求她拉琴的水平要有多么高，她和别的孩子之间也不存在竞争，为什么她要夸大其词，不实事求是呢？

直到我回忆起自己小时候的一件事，终于释然了。我上小学时，家门口有一个大娘摆摊卖小零食，她和学生们都特别熟。一天下午放学,她问我说:"我看你朋友的胳膊上戴了'三道杠',说是评上了大队长,你评上了吗?"我刚想说我是中队长,但听了她刚才说的话,突然感觉口袋里的"两道杠"不那么鲜艳了……我说:"我也是大队长。"她说:"是吗?你也这么优秀!那你的'三道杠'去哪儿了?"我捏了捏口袋里的"两道杠",说道:"丢了,明天去学校就买个新的。"大娘拿出一个大塑料口袋,翻出来一个"三道杠",说道:"在学校买多贵啊!这个三块钱你拿走!"接下来的很长一段时间里,为了不穿帮,我都会在出门后戴上这个"三道杠"。路过小摊时还得抬起胳膊晃一下,走远了再摘下来,换上学校的"两道杠"。这算撒谎吗?

我觉得叫吹牛更确切。现在回想起来,这个牛吹得确实很可笑,不过这又说明了什么呢?或许说明我像所有孩子一样,希望得到别人的关注与称赞。所以当孩子有类似行为的时候,我们的第一反应不应该是怎么纠正他们,而是怎么理解他们。理解孩子那种渴望被关注,渴望让人觉得自己很独特、很有价值,渴望被人刮目相看的心理。就像《家庭的觉醒》里说的:"孩子终其一生最需要的三件事——我被看见,我有价值,我很重要。"

孩子什么问题都没有,他只是想被看见而已。如果非要说什么出了问题,那也是我们的教育出了问题。考八十五分的"普通孩子"得到的关注太少了,所有的掌声和赞美都给了考九十九分、一百分的"优秀孩子"。只有成绩好,作业写得快,芭蕾舞动作完美,可以在圣诞音乐会上表演小提琴的孩子才能得到关注,那别的孩子怎么办呢?努力变得和别人一样好,那当然很好,但注定不是所有孩子都能做到那么好,渴望得到认可又无能为力,那就只好"吹牛"。在我看来,"吹牛"这件事本身不需要引导纠正。每天起早贪黑地上学,回家还要做功课上辅导班,当孩子已经挺不容易了,吹个牛调剂下生活都不让,孩子过得也太压抑了。相反,需要被引导纠正的是父母。

我们平时应该让孩子感受到,他本身就是独一无二的,是很特别的。即便他没有取得任何成就,在芭蕾舞课上做得全班最差,考八十五分而别人考九十九分,也不能否定他的价值。

我们经常混淆了成就和价值。成就是价值感的来源之一,但不是全部。除了社会定义的成就,还有很多要素可以构成我们的价值。我们本身是什么样的人,身上具备的品质,比如善良、勇气、同理心等,都是我们的价值所在。另外,价值感还来自与他人的联结。别人难过的时候,我们的话给了他安慰和鼓励,这是我们的价值。别人需要帮助的时候,我们伸出手拉他一把,这是我们的价值。哪怕只是给别人带来了快乐,这也是我们的价值。虽然孩子的芭蕾舞动作不好,但这只能说明在跳芭蕾这件事上,他没有通过成就来获得价值,但他还有其他获得价值感的方式。

别人跳芭蕾摔疼了哭了，孩子安慰他，孩子的善良和同理心是价值，给别人带来的情绪价值也是价值。

如果孩子很想在一件事上表现出色，也努力了，但就是做不好，除了吹牛还能怎么办呢？这里就要提到自我接纳。这是人生重要的课题，我们很多人活到三四十岁才学会自我接纳。就算他是班里唯一芭蕾舞动作不标准的孩子，但如果他从前是十个动作十个不标准，现在是十个动作八个不标准，那么他的进步就是值得肯定的。即便一百个人里有九十九个人都做到了完美，我们也可以接纳自己是那个不完美的，知道自己努力过，尽力了，那就可以了。

Part 6 第六部分
说"不"的自由：身体和心灵都有底线

28 性教育第一课：建立身体边界

几岁可以开始性教育？孩子才3岁，说这些会不会太早了？性教育不只是孩子长到某个年龄后一次严肃的谈话，还是从早期就融入生活点滴中的自然非正式的教育。当2岁的孩子开始注意到男女身体的差异时，探索就已经开始了，虽然他们也许还没有足够的表达能力告诉我们这些。孩子是天生的学习者，学习的内容当然也包括研究两性。

细节一：关于身体的一切问题，都可以敞开聊

饼饼曾经自豪地跟我分享她的发现：妈妈的胸大，爸爸的胸平；女孩坐着尿尿，男孩站着尿尿。在这个阶段，先不急着做性安全教育，而应把重点放在身体教育上。

如果两三岁的孩子问"我是从哪里来的？"，只要回答"你是从妈妈肚子里出来的"，就可以让孩子非常满足。到了三四岁，他们又会好奇地问："我一开始是怎么跑到妈妈肚子里的呢？"这个时候，我们不需要告诉他们每个细节。**他们只是需要一个答案，一个回应**。比如我们可以回答："爸爸妈妈非常爱对方，用一种特别的方式拥抱在一起，就有了你。"到了五六岁或年龄更大的时候，他们就会进一步深入地思考：为什么爸爸妈妈拥抱了就会有我呢？经过之前几年关于身体结构及生理问题的讨论，阅读揭示身体奥秘的科普书，这个时期的孩子对两性身体的差异已经有所了解。我们可以回答："爸爸妈妈很相爱，爸爸的精子和妈妈的卵子结合后形成受精卵，在子宫内生长发育，那就是你。"

当然了，对于这个年龄段的孩子，在给出答案之前，我们可以先问问他们："你觉得是怎么一回事呢？"他们很可能已经在同伴那里知道了更多，或者已经有了自己的推测。所以，跟他们交流和讨论的过程，不只是为了得到一个答案，关键是传达父母的态度：**讨论性并不羞耻，你的困惑和困扰都可以跟父母敞开聊。**

父母需要注意，家庭中的性教育要符合孩子当前年龄段的认知，不可以提前唤醒，避免破坏孩子正常的性心理发展轨迹。

越早告诉孩子生殖器官的正确名称，孩子就会觉得越自然。说起生殖器官的名称，一下子让我敞开聊，我也很难开口。但是对于孩子来说，"阴茎"和"阴道"就像"肚脐"和"脚趾"一样，是再正常不过的身体部位名称，孩子并不会把它们和一些行为联系到一起。当然，孩子也会跟同龄人讨论这些部位，所以他们也需要知道那些俗称是什么意思。如果孩子和父母都觉得那些称呼很好玩，那就放声笑，别憋着，用最自然的状态讨论。如果实在说不出这些部位的学名，也可以称它们为"私密部位"，但不要用"那个地方""下面那里"这类含糊的词敷衍。

跟孩子自然大方地讨论，同时告诉他们"生殖器官是私密部位"，这两点并不矛盾。

"生殖器官是私密部位"，这句话的意思是未经允许，别人没有权利看和碰，这是一种健康的羞耻感，可以保护孩子的身体。如果孩子表达了意愿，上厕所的时候不想旁边有家人陪着，那就严格遵照他们的意愿，从厕所出去。如果有人试图碰这些部位，孩子有权大声拒绝，并第一时间向父母或其他看护人寻求帮助。这也是为什么要在性教育上跟孩子保持自然沟通，我们要让孩子觉得，和生殖器官相关的问题都是可以与父母讨论的，不用藏着

松弛感让我们真正地看见孩子

掖着。

这点真的太重要了。许多被性侵和性骚扰的孩子,就是因为父母平时谈及生殖器官时会敷衍、含糊、闪烁其词,而觉得这是一个不能聊的话题,以至于被侵犯后,他们都羞于向父母开口求助。**我们遮遮掩掩,扭扭捏捏,拒绝回答,他们一定有其他渠道去得到答案,到那时,事情就可能会变得更不可控**。如果我们确实觉得开不了口,也别太难为自己了,因为我们的感受也很重要。家长欲说还休、故作镇定的姿态,孩子一定可以觉察到,还不如坦然地告诉孩子:"这个问题很好,也很重要,但是妈妈现在没想好怎么回答,要不咱们一起找找这方面的绘本,买来读,一起寻找答案。"

细节二:什么是"好秘密",什么是"坏秘密"

一些发生在中小学的猥亵案件长期都没有被发现,是因为许多孩子不知道这是犯罪,不敢告诉家长。我们从新闻上也经常看到一个让人心痛的细节:当发现孩子被性侵的时候,这个过程已经长达若干年,而家长却一直毫无察觉。

孩子不告诉家长的心理原因很复杂,但不能忽视的一个重要的外部原因,就是加害者往往会这样诱导孩子:"你不能告诉别人,这是个秘密。如果你告诉父母,他们就不爱你了。如果被父母发现,他们就不要你了。就算你告诉父母,他们也不会相信你。"12岁前的孩子处理复杂问题的能力有限,加上这样的恐吓,他们整个人是蒙的、混乱的、矛盾的。

成年人的话对孩子天然具有权威性,所以他们会倾向于相信施害者的话,隐藏受害的迹象,假装没有发生任何事,让父母无法觉察。因此,我们平时就应该让孩子搞清楚一个问题:什么是"好秘密",什么是"坏秘密"。

妈妈要过生日,孩子悄悄准备了礼物,藏起来不告诉她,这是个好秘密。**好秘密有个特点,就算孩子不小心说漏了嘴,妈妈不小心发现了礼物,她也会很高兴,结果是好的**。而如果有人告诉孩子,这个秘密透露出去的结果是"父母不爱你"之类的坏结果,那么这就是个坏秘密。孩子不需要帮别人保守坏秘密,**坏秘密的本质不是秘密,而是威胁**。威胁是永远不被允许的。

细节三:没有绝对的好人和坏人

青春期之前的孩子,看待这个世界和世界上的人经常是非黑即白、二元对立的。记得小时候,我爸在客厅看电视,屏幕里两个人对着打,我凑过去看,第一句永远是问"哪个是好人,哪个是坏人"。我爸就告诉我"白衣服是好人,黑衣服是坏人"。对电影里的角色,我们可以很容易贴上标签,但是在生活中,我们真的很难判断一个人是好人还是坏人。一旦大人给谁贴上好人的标签，孩子就会对他放下戒备心。好人与坏人的区别，不是关系熟不熟，长得好不好看，有没有送小礼物。

事实上，**好人与坏人没有明确的界限，只能判断一个人的做法是好是坏**。比如，那人有没有做让孩子不舒服的事，有没有无视孩子的一再拒绝，有没有在身体界限上得寸进尺，有没有讲一些和身体有关的笑话，有没有让孩子保守"坏秘密"，有没有可疑的行为。

什么是可疑？大人向小孩儿"求助"，这就是一个可疑行为，孩子应该及时告诉自己信任的成年人。尤其是这个大人让孩子单独去房间里帮忙，或者故意带孩子避开人群，这些都是可疑行为。这点对男孩和女孩是一样的，越来越多的男孩正在承受猥亵和性侵，他们说出来后却常常不被大人相信。

细节四：不必一直讲礼貌，我的感受最重要

被性侵者盯上的孩子往往都很乖，他们从小被家长教育：你要听话，你要迁就别人，你不要有那么多意见。不是"受害者有罪论"，而是在这样环境里长大的孩子，当别人对他们做出过分举动的时候，他们经常不懂得拒绝，没有勇气表达"我不喜欢"。生活中的一些"不喜欢"，可能并不涉及什么原则性问题，所以很多

家长不当回事，觉得没什么大不了，不用在意孩子说什么。**就是这种不在意让孩子觉得，我的感受可以被忽略，我的感受不重要，为了讨人喜欢，我要迎合别人的想法。**

德语有句话叫"我的身体属于我"（Mein Körper gehört mir），有一首同名儿歌，就是为了让孩子对自己的身体有掌控感：

我的身体只属于我，你决定你的身体，我决定我的身体！
当别人碰到我，我知道自己的感觉！
我的感觉是真实的，我的感觉永远正确！
拒绝可能很难，但是我的感觉告诉我，我不想要这样！
不要打我也不要踢我，别对我推推搡搡，也别抱我太紧，因为我不喜欢！
我喜欢我的身体，从头到脚！
我尊重自己，我就是自己的天空中那颗闪亮的星星！

我第一次听到这首儿歌时，都热泪盈眶了。我经常说，家长不能越位代替孩子去感受。一件事到底构不构成问题，取决于孩子的感受是什么，就像这首儿歌里唱的"我的身体只属于我"。

我们一般会认为，西方人开放，东方人保守。直到后来，我在德国幼儿园听到老师下意识说的一句话，才让我看到了西方教

> 松弛养娃——育儿这条路，你不必追着跑

育的"保守"。那一次，我去幼儿园接孩子，当时饼饼正背对着我，呆望远方。我看到她的后背好像湿了一块，随口问了老师一句："你们是不是玩水了？"老师说："是的，刚玩了水。"然后她走到饼饼背后，顺手摸了下她后背的衣服。饼饼猛地转过头，看到是老师，才放松下来。老师下意识地说："对不起，刚才我摸了你一下。"当时我就震惊了。假如是位男老师，假如老师摸的是靠近屁股的位置，我都能理解这个道歉。但是，那位女老师就是饼饼在幼儿园的主要看护人，平时尿布和衣服都是她给换的，摸一下后背衣服湿不湿，这都要道歉吗？我们从幼儿园出来，下楼的时候，正好迎面上来一个家长。擦肩而过的时候，我的挎包轻轻擦了一下对方的衣服，我脱口而出"对不起"，对方回头摆摆手，说了句"没关系"。当时我就懂了。我们成年人之间多么有默契，无论同事、朋友还是陌生人，不小心蹭了谁的胳膊，都会跟对方说句道歉，凭什么我们可以未经孩子同意，擅自跟他们有肢体接触呢？我没有跟你打招呼，也没有告诉你我想干什么，突然就摸了你的后背——如果这种行为在成人世界里是不礼貌的，那么孩子也不应该被这样无礼对待。原来老师道歉的理由在这里。这不是保守，而是尊重身体界限。

之前有人问我，女儿不喜欢柔术老师摸她的耳朵，老师是真的喜欢小孩儿，看她可爱忍不住摸一下，其实人家真的没恶意，

所以纠结要不要教女儿拒绝。要我说，一定要拒绝。说老师没恶意，我相信一个母亲的判断，但比有没有恶意更重要的是孩子的感受。当别人的举止让孩子有不好的感觉时，孩子就有权拒绝，不能因为对方没有恶意，就忍受这种不好的感觉。

"感觉不好就是不好，我的感觉是真实的，我的感觉永远正确。"教会孩子尊重自己身体的感受，相互尊重身体界限，这是性安全教育的前提。

未经孩子允许的肢体接触都是一种侵犯。如果这句话的对象是路人甲、不熟悉的同事，我们会非常容易接受。如果这句话的对象是妈妈的朋友、爸爸的伙伴、幼儿园的老师，我们会觉得小题大做。如果这句话的对象是家里的亲戚，我们就会觉得这样说简直太过分了。都是亲戚，说什么侵犯啊？侵犯不一定是生理侵犯，孩子对自己的身体有绝对拥有权，无论是拥抱、亲吻还是其他形式的肢体接触，都是孩子表达情感和亲近的方式，他们是唯一有权决定如何表达的人。**越权代替孩子表达情感，就是一种心理侵犯**。它破坏的不仅是孩子划定边界的能力，同时也传达了一种扭曲的信息：社交是需要用身体接触去讨好对方的。长期被他人要求强行表达亲近，不仅不能拉近距离，也是给性安全教育"拖后腿"。我看到大家讨论孩子的安全教育时，关心的都是不能跟陌生人走。这当然重要，但在孩子两三岁时，还不能听懂这些之前，如果我们只是觉得他飞吻的样子很可爱，就把他塞进他觉得不安全的怀抱，孩子就会逐渐产生错误的认知：熟人就是好人，好人就是安全的。先不说孩子对"熟人"有多准确的判断力，我们自己认为的"熟人"真的都很熟吗？见一面不算熟，见两面算吗？如果真的都很熟悉，为什么经常感叹"没想到他是这种人啊"？连我们自己对熟悉都没有基本的把控，怎么可能要求孩子判断什么叫熟悉呢？退一步讲，真正的熟人就代表安全吗？《中国儿童防性侵十年观察（2013—2023）》的数据显示，性侵儿童案件的最主要特征之一是熟人作案比例一直居高。在熟人作案的案例中，教师、亲属等群体占比较高。熟人就是好人，这是我们的父母当年教我们的逻辑，但在今天这个时代，已经不再适用了。其实，在任何年代，这个逻辑都不适用，只是以往的受害者们大都选择了沉默。

　　家庭成员在孩子心里的亲近程度也是分等级的。孩子跟妈妈抱抱、亲亲表达爱，不代表也要跟爸爸用同样的方式亲近，至于其他的亲人、幼儿园老师、爸爸妈妈的朋友、同事就更不例外。这跟血缘关系的亲疏和熟悉程度无关，只跟孩子的感受有关。给孩子讲安全常识前，我们自己要首先知道：他们是独立的人，有自己的身体界限，我们不越界，才能让他们学会不被越界。

　　请告诉孩子：礼貌很好，但不必永远讲礼貌。当别人让孩子有不好的感受，做了让孩子不舒服的举动，一再无视孩子的拒绝时，孩子就不需要继续保持礼貌了。这时，孩子可以大声拒绝，非常不客气地喊"不"，并求助家长以及身边信任的人。**礼貌是很好的品格，但是孩子的感受高于品格**。孩子的性格可以直率，可以谨慎，但无论什么性格，都应该拥有这样的底气：**我的感受很重要，我的需求应该被听到**。如果这种底气被周围人说成自私，那就尽情做个自私的孩子吧！孩子不需要让每个人都喜欢，也不可能让每个人都满意，没有谁可以凌驾和操控孩子的感受。

29 不教"打回去"，但也不好惹

大人处理孩子之间的冲突，经常会走极端。两个孩子一起玩，不知道怎么就打起来了。家长看到了心想：这还了得？他家孩子凭什么打我的孩子？于是大人也打起来了。两个小孩儿打了一会儿打够了，又在一起玩了，两个大人还在打。这是一个极端。

孩子跑来和大人告状："他打我了。"有些家长为了表达自己并不袒护自己家的孩子，可能会说："他和你闹着玩呢！人家又不是故意的！他怎么可能打你呢？他那么老实的孩子！是不是你先招惹他了？"这又是另一个极端。

小朋友之间打打闹闹很正常，这个我不反对。但我们要清楚什么是"打打闹闹"，什么是"攻击行为"，这两者之间的界限是什么。如果连家长都不清楚，孩子更不可能清楚。我们对"打打闹闹"的定义模糊，孩子就会模糊自己的身体边界，他们没法儿辨别一个行为是"攻击"还是"打闹"。

一些孩子在学校里被欺负、被霸凌，家长知道后觉得很不可思议，甚至斥责孩子："你怎么能一直忍着不说呢？"其中一个原因是，**孩子不知道那就是欺负，不知道霸凌是不被容忍的**。霸凌者通常会逐步试探孩子的边界：从孤立开始，拉一群人对付一个，让孩子觉得没人可以帮自己；然后弄坏孩子的东西，摔他的铅笔盒，乱涂他的新本子……一点儿一点儿地试探他的底线究竟在哪里。如果孩子对这些都没反应，霸凌者就会变本加厉，进行身体攻击，打他一下，推他一把，扯他衣服，揪他头发……最后发展到拳打脚踢。身体边界清晰的孩子会在一开始就大声拒绝，让对方没有得寸进尺的机会。所以，最重要的是给孩子建立身体边界，清晰明确地告诉他：**任何攻击和让你不舒服的行为或者身体接触，都是不被允许、不需要容忍的。**

当孩子被打，来寻求家长的安慰和庇护时，我们应该怎么做呢？这三步缺一不可：

一是看到孩子的委屈，让他感受到被理解和支持。告诉他对方打人是不对的,是不能容忍的。

二是找对方家长沟通,描述事情的经过和我们的感受,提出诉求。如果对方家长不配合,那就直接警告那个打人的孩子,告诉他我们不能容忍这样的事发生。大人在孩子面前有天然的权威性,我们说的话更有威慑力。

三是告诉孩子,以后遇到类似的情况应该怎么做。首先,语言是非常有力量的。任何让孩子不舒服的攻击或身体接触,包括那些他不喜欢的"闹着玩",孩子都可以**用最大的音量拒绝和制止**:"我不喜欢,你马上停下来!"告诉孩子不需要一直友好礼貌,他有大声说"不"的权利。假如语言阻止无效,对方还是继续打他,怎么办?视情况而定。如果对方比孩子强壮,孩子明显不是他的对手,那就找身边的大人或朋友寻求保护;如果对方的体格和孩子差不多,就握住对方挥过来的手腕,让他感受到抵抗的力量,同时盯着他的眼睛,**用行动和眼神告诉他,我不是好惹的**。欺负人的孩子都是恃强凌弱,你软他就硬,你硬他就软。

一旦孩子身上发生类似的事,我们要告诉孩子:"我会和你站在一起。没有人可以打你踢你,所有让你觉得不舒服的行为或者身体接触,都不用忍,你的感受最重要。"

㉚ 善良但也有锋芒

记得一个老朋友曾半夜给我留言:"黛西,我也知道应该教孩子善良,但这个世界,我们对别人善良,别人不一定对我们善良,还可能反过来利用我们的善良。我教孩子善良,但他以后吃善良的亏,怎么办?"我猜她是遇到了什么事。相信有不少人都曾经遭到别人的背叛或欺骗,而对方是他们很信任的人,因此对这个世界彻底失望了,下决心不再做"好人"。之前我写关于儿童社交的文章,也经常有读者问:"我教孩子善待他人,但对方父母不一定这么教,我的孩子吃亏怎么办?"那么就聊一聊这个话题。

善良的困境

前些年,网上流传着一句话:"你的善良必须有点儿锋芒。"看到这句话,我联想到大学修的一门课——博弈论。博弈论提到"囚徒困境",其实善良也有类似的困境。"囚徒困境"是博弈论的一个简单模型,当年一位数学家为了给心理学家解释什么是博弈论,编了一个故事:两个坏蛋被抓了,警察把他们分开审讯,然后告诉他们:"如果你们两个人都坦白,那么每个人被判刑八年;如果一个人坦白,而另一个人不坦白,则坦白的那个人被放出去,不坦白的人会被判刑十年;如果两个人都不坦白,则证据不足,各被判刑一年。"对这个犯罪小团体来说，最优的选择肯定是双方都不坦白，两个人各被判刑一年。但问题的关键是，"我"不知道对方会不会坦白，所以只能假设两种情况：一是在对方坦白的前提下，如果"我"也坦白，那么"我"会被判刑八年；如果"我"不坦白，那么"我"会被判刑十年。二者相比，"我"应该选择坦白。二是在对方不坦白的前提下，如果"我"也不坦白，那么"我"会被判刑一年；而如果"我"坦白，"我"就会被释放。二者相比，"我"应该选择坦白。

这就形成了一个很有趣的现象："我"做的选择，在两种情况下都是最优的选择（坦白），但这并不是利于整体利益的选择（不坦白）。囚徒困境之"困"在于，每个人的受益程度不只取决于自己的选择，也来自对方的选择，是双方策略共同作用的结果。这就解释了很多人对善良的担忧：我选择做一个善良的人，但别人可能会选择做一个奸诈的人。我的孩子老实守规矩，但别的孩子可能不守规矩。这样在人际交往当中，我的孩子会不会吃亏呢？

善良的"最优方案"

在"囚徒困境"中，两个坏蛋面临的是单次博弈，不同于日常生活中的人际交往。我们和同事、朋友的关系，孩子和班里同学的关系，这些关系并不是一次性的。这种重复博弈的情况，是

松弛养娃——育儿这条路，你不必追着跑

有最优解的。也就是说，关于怎么善良，什么时候善良，善良到什么程度，是有一套最优方案的。这个方案是什么样的呢？

有个著名的博弈论专家罗伯特·阿克塞尔罗德，他也想知道人和人之间的交往，到底应该选择善良还是奸诈，合作还是背叛，老实守规矩还是偶尔占个便宜。于是，他做了一个博弈论界最著名的实验，邀请全世界来自各个领域的专家，设计了一个计算机程序大赛。

这些专家很懂博弈，每个人都设计了一套自己的博弈策略。这些程序五花八门，有的中规中矩，有的不按套路出牌，有的善良到底，有的老奸巨猾，什么刁钻思路都有。

专家们一共设置了十四个程序，两两相互对决，一共五轮比赛，每轮打二百局，总共对决了十二万次，有二十四万个不同的选择组合。那么最后谁会是最大赢家呢？答案是，最简单的那个程序得了最高分。这个程序名叫"一报还一报"。

罗伯特·阿克塞尔罗德并不相信这个结果，他又开展了第二次比赛，这次他邀请了更多厉害的人，收集了六十二个不同策略的程序。结果，"一报还一报"又赢了。有人看到结果不服气，质疑这个"一报还一报"是否真的这么厉害，于是他们改变比赛规则，让"一报还一报"碰到更狡诈、刁钻的程序。在六种新的比赛规则下，"一报还一报"五次排名第一，一次排名第二。

"一报还一报"策略

"一报还一报"策略的名字听上去有点儿睚眦必报的感觉,它到底是怎么做的?

"一报还一报"程序是这么运行的。**首先,第一轮永远选择和对方合作。在此之后,它的选择就是在模仿对方上一轮的选择,仅此而已**。也就是说,我第一次和你交手,无论你准备怎么对我,我一定会选择善良。但在这之后,我善不善良就要看情况了:如果你刚才背叛了我,那么接下来一轮,我也会背叛你;如果你刚才和我合作,那么接下来一轮,我也会选择和你合作。这样的策略有三层意思:

第一层是善良性。最开始的时候,我永远选择合作。这个策略放在人际关系中就是,无论对方是熟人还是陌生人,无论你是谁,我都会选择善待你。这对善良的人来说,绝对是个好消息!更好的消息是,在第一轮十四个计算机程序的博弈中,最终整体成绩排名前八的策略,都具备"善良性"。那些一开始选择背叛,或者中间突然给对方使绊子的狡诈程序,最终整体成绩都不佳。原因很好理解,这是一个多次的重复博弈。某个策略坑别人一次,这一轮占了小便宜,但是别人也不傻,下次就不信任它了,所以它的整体成绩不会高。这给我们的启示是:我们可以放心地做个善良的人,放心教孩子善待他人,不做那个挑起事端的人,不仗势欺人，不背叛信任我们的人。

第二层是可激怒性。在"一报还一报"策略中，如果对方背叛了我，那么下次我也必将选择背叛对方。可以看出来，善良的最优解不是让我们无底线地善良。我在写过的有关儿童社交类型的文章中提到，我会告诉孩子："如果别人的行为让你不舒服了，你可以非常不客气地拒绝，因为你的感受最重要。"有人可能会质疑："你这个是西方的思维方式，太自我了，而我们中国人讲究和气、团结、宽以待人。"倘若如此，为什么古人会有"以德报怨，何以报德"这样的反问呢？当第一次受到语言攻击，或是有拳头落在身上时，孩子就应该表现出可激怒性。被激怒不代表打回去，孩子有很多选择，比如大声说"不"，语言是非常有力量的。在体力可以和对方抗衡的前提下，紧紧握住对方挥拳头的手腕，让他感受到力量，知道孩子不是好惹的。

第三层是宽容性。"一报还一报"策略还有一个很重要的特点是宽容。这次你背叛了我，那么下次我也背叛你，一旦你在某轮中改变主意，选择合作，则下一轮我也和你合作。也就是说，虽然睚眦必报，但是它不记仇。放在人际关系中，其实就是宽以待人。宽以待人不是你欺负到我头上了我还做出忍让，不是你犯了错我必须原谅，而是即便你犯了错，但只要你勇于面对和补救，我就选择不计前嫌。如果你改过一次，后来又背叛我，那么我下一次也选择背叛你。"一报还一报"就是模仿对方上一轮的决策这么简单。就是这样的"傻瓜程序",打败了各种复杂、狡诈的程序。

我们得到的启发

生活中的人际关系当然要比计算机设置的程序复杂得多,但我们还是可以从中得到一些启发:**世界会奖励善良的人**。与人为善不仅是道德层面上的自我要求,也是为了让我们在人际关系中受益程度最大化。**善良不代表没有底线**。我从不挑起事端,但如果有人挑事,我也不会忍让。**可激怒,但不会一辈子记仇**。只要对方能改过自新,我就选择原谅他。

31 不喜欢我,是你的权利

我觉得她太棒了

饼饼最招人羡慕的就是她的长发,一头"黑长直",走到哪儿被夸到哪儿。开学第一周,我带她一起理发。剪完头发,她很满意自己的新发型。从理发店出来,她特别开心,一路狂奔,一边跑一边夸张地大喊:"哈哈,我的头好轻啊!"路上,我们碰到一个女孩,她原来和饼饼在同一所幼儿园,这时已经上小学了。这个女孩看到饼饼,就用大人的口气惊呼道:"天哪!你漂亮的长头发去哪儿了?"饼饼咧嘴笑着说:"我剪短了!"女孩惋惜地说:"啊,好可惜!我觉得你还是原来长头发时好看!"虽然女孩没有直接说饼饼现在的短发不好看,但谁都能听出来,她就是这个意思。我有点儿担心饼饼会难过,刚想替她说点什么,没想到,饼饼特别轻松地说:"没关系,我觉得好看!我自己觉得好看更重要!"我真的觉得她太棒了,为她骄傲!

回到家以后,饼饼爸爸发现我俩长发飘飘地出去,却剪了短发回来,马上摆出了一副受气的脸。我知道他很喜欢女生留长发。他把饼饼抱在腿上,摸着她的头发,噘着嘴"撒娇"地说:"爸爸还是更喜欢长头发!太可惜了!"然后,他瞥了我一眼说:"你的头发怎么变成这样了?"真是哪壶不开提哪壶。连着两次被人说"可惜",我担心饼饼也要开始自我怀疑了。没想到,饼饼腾地从他腿上跳下来,认真地回了一句:"爸爸,不用你喜欢我们的头发,我们自己喜欢就好!自己喜欢才是最重要的!"

我真的热泪盈眶了。我看到了一种很可贵的自信——**不必借由别人称赞而获得的自信**。顿时,我觉得引导她做自己,让她懂得尊重自己的感受,太值得了。

不脆弱的自信

无论是四五岁的孩子,还是四五十岁的大人,很多人的自信是非常脆弱的,因为他们的自信是建立在别人的称赞上。一旦别人赞美我,我就感觉良好,特别自信。一旦别人诋毁我,我就一蹶不振,感到自卑。被诋毁了感到难过,这很正常。谁都不可能在被人说丑或是被人说蠢时,心里还美滋滋的。我们不能堵上别人的嘴,怎么说是他们的课题,我们没法儿干涉。但我们可以在一个更高的维度上影响自己和孩子,那就是**提升自我评价**。别人可以对我有看法和感受,但我也有我的看法和感受。

我们的感受当然可以不同,因为每个人都是独立的。**事实有真假,感受无对错**,别人可以说他的看法,我也可以说我的感受。二者相比,我的感受对我来说更重要。这样的思维可以消除很多人的社交困扰。

我曾收到一条留言,一位网友女儿的班里有个孩子,总是用语言打压她的女儿。比如,她的女儿穿了新衣服,戴了新发卡,那个孩子就会说"真难看,丑死了"。她向我请教面对这样的情况如何回应。穿得漂漂亮亮,高高兴兴去学校,却被人说"真难看,丑死了",孩子肯定很难过。只教给她一句"关你什么事",她学着说了真的就不难过了吗?嘴上痛快,但心里不痛快,这是过嘴瘾,自己骗自己。如果想要心里痛快,则需要我们长期给孩子建立"高自尊水平"——**我喜欢自己，我的感受才是更重要的**。这听上去是大道理，其实都是在生活琐事中慢慢积累起来的信念。比如，**尽可能多地给孩子自己选择的权利**。当我们和孩子的意见发生冲突的时候，不要总是让孩子向我们的意见靠拢。举个简单又常见的例子，买衣服的时候，我觉得这件颜色的衣服好看，饼饼觉得那件颜色的衣服好看，最后买哪件呢？答案是谁穿就听谁的。因为是谁的衣服，就是谁的课题，谁的发言权就大，而不是谁出钱谁说了算。

君子和而不同

有人可能会担心，这会不会让孩子变得以自我为中心，不考虑别人的感受呢？我所说的不是无条件听孩子的意见，而是谁的课题听谁的。如果我要买一件毛衣，让饼饼帮我参谋一下，她觉得红色的好看，而我更喜欢紫色的，除非她能说服我，否则我还是会选择紫色的。我也会把我的想法告诉她。我愿意听别人的想法，但最终做决定的还是我自己，关键是我喜欢什么，因为衣服穿在我身上，我喜不喜欢最重要。

绝大多数的人际矛盾都是因为干涉了别人的课题。比如，全职妈妈想做副业，家里人就说："做这个干什么？在家好好带孩子才是正事！钱什么时候不能赚？孩子的成长不能再来一次！赚钱的事你不用操心了！"这就是干涉别人的课题。

有人说，课题分离是西方人的思想，我们中国人讲究一家人有商有量。可是，有多少人被"一家人"的名义情感绑架呢？因为我们是一家人，所以我就得听家人的，家人不可能害我！"家"这么温暖的一个词，却成了许多人想逃离的负担。我们不可能给每个人讲课题分离，但是我们可以告诉自己，并传达给孩子一个信息：你可以对我的课题有意见，但是，"我怎么想"比"你怎么想"更重要。朋友之间可以有不同的意见吗？一家人可以有不一样的想法吗？当然可以！

《了不起的盖茨比》的作者菲茨杰拉德有一句名言：**检验一流智力的标准，就是头脑中能同时存在两种相反的想法，但仍保持行动能力**。很多人说这句话太高深了，理解不了。其实这和孔子的一句话非常相似，即"君子和而不同"。这句话正着解读和反着解读都很有道理。正着解读的意思是：我和别人在一些具体问题上的看法不同，但这不妨碍我们继续做朋友。反着解读的意思是：我们是朋友，但这不代表我要在所有的事上都附和并同意对方。

松弛养娃——育儿这条路，你不必追着跑

32 高自尊不等于"怼回去"

饼饼的班里搞过一个活动，要把自己喜欢的一幅画带去学校。活动的目的不是评比，而是让孩子们练习语言表达，介绍自己的画。饼饼拿了有一次她在美术课上画的一幅画。

她画了三座山，山洞里藏了宝藏（画实际是棕色的）。我对这幅画赞美有加，虽然没有什么厉害的绘画技巧，但很特别。饼饼把左右两座山画成兔子和熊的形状，中间的山的形状中规中矩，饼饼说是小幽灵的形状。下午我去接她，她挥着这幅画，朝我小跑过来，一副喜上眉梢的样子。跑过班级门口的时候，同班的小E的妈妈也赞美了一句："你的画太棒了！"但是，饼饼的笑容却消失了。她沉着脸走向我。原来是小E的妈妈话音刚落,旁边的小E就补了一句"一点儿也不好看"。饼饼说她很伤心。

看到她失落的眼神,我联想到曾发生的几件小事。上幼儿园的时候,别人说她的画不好看,她会说"才不是,我觉得很好看"。有人说不喜欢她新剪的发型,她会说"不需要你喜欢,这是我的头发,我喜欢就够了"。现在的她怎么了?那个很潇洒的她去哪儿了?她好像变了,**开始在意别人的评价了**。在这期间,我的养育方式没有变过,但她就是变了。我经常和人说,成长是混沌和无序的,并不会因为我保持了一贯的养育方式,我的孩子就一成不变。她是个活生生的人,没有什么确定的"因果"——这也是成长有意思的地方。分析一下原因,我想可能幼儿园和小学是完全不同的环境,幼儿园里孩子各玩各的,相互之间不存在比较,也没有统一的评价系统。但是,上小学之后很多东西都变了。**全班的孩子要完成相同的任务,大家不可避免地去比较、竞争,会在意那个评价系统。**

探索信念,重建信念

我问饼饼:"小E说你的画不好看,你伤心了是吗?"

她点点头,眼泪就快要掉下来了。"可那只是'她觉得',你觉得好看不就行了吗?"这句话到了嘴边,我又咽下去了。道理她以前就懂，不会突然又不懂了。如果她真的不懂了，也不会我说一遍她又懂了。我决定带她做一件事：**重建信念**。

"我特别理解你，你花了很长时间在这幅画上，花了很多心思构思山的形状，她那么说真是挺让人伤心的。不过我想知道，你怎么看待她的这个评价？你觉得她为什么说'一点儿也不好看'？"

"我不知道，可能就是我画得不够好。"

"有没有一种可能是她不喜欢山？"

"也可能因为她不喜欢棕色。对了，小E说过不喜欢深的颜色！也可能是因为她不想让她妈妈夸我。你别说，还真有这种可能。"

"无论是哪种可能性，她都是在说她的观点。人可以有不同的观点，就算一万个人里有九千九百九十九个人夸你的画好看，她也可以觉得不好看。**但是这不能否认一个事实，那就是你在这幅画上花了很多时间和心思。你的耐心、创意和才华，这些是你的价值**。你的价值就在那里，不会因为别人说几句话，价值就没了。"

我经常跟饼饼聊观点和事实的区别，所以她很快理解了我的意思，情绪也好了很多。她说："妈妈，小E可以觉得我画得不好，但她应该在心里说，而不是当面说出来让我听到，这样会让我很伤心。"我说："**这也是我觉得你特别厉害的地方！你知道什么话可以说，什么话说出来不太合适，这说明你的情商很高。**"她问我什么是"情商"，我解释道："情商就是你怎么跟人相处，你怎么和人说话，你做事、说话的方式让别人觉得舒不舒服。以后你就会发现，大家都喜欢跟情商高的人相处。情商低往往伤害的是别人，最终吃亏的是自己。"

ABC理论

在与饼饼的对话中，我引用了心理学的ABC理论。**ABC理论解释的是人的认知和情绪、行为的关系。**

A（Activating event）是激发事件，就是面临的困难、挑战或者事件。

B（Belief）是信念，指的是我们对事件的看法。

C（Consequence）是后果，就是因事件产生的情绪、行为和反应。

也就是说，A（激发事件）是"小E说我的画一点儿也不好看"，B（信念）是"我对她这个评价的看法"，可能包括：

"我的绘画能力不行，努力白费了。"

"她就是胡说八道。"

"她就是嫉妒我。"

"每个人的审美是不同的。"

C（后果）是"我的情绪、行为和反应"，可能包括：

"我觉得沮丧、失落、自卑，我对自己的绘画才能产生怀疑。我不愿意再继续画画。"

"我被冒犯了，感到愤怒。"

"我听听就好了，对我没有什么影响。"

很多人觉得，让我产生痛苦（C）的是那个激发事件（A），但是ABC理论告诉我们，在A和C中间还有个B。信念（B）才是导致情绪、行为和反应（C）的原因。**认知行为疗法就是通过改变信念，来影响人对事件的情绪、行为和反应。在孩子面临类似情况的时候，倾听他们的感受之后，可以想办法引导他们说出心中的信念。**比如，我问饼饼她怎么看待小E的评价，小E这么说有哪些可能的解释。这就是在**"探索信念"**。孩子经常会内化这种负面评价，比如认为"我就是画得不够好""我的努力白费了"。接下来就要**引导他们重新思考信念，帮助他们重新评估事件。**让他们明白，不同的人会有不同的观点，不同的人会有不同的看法，但这不会改变自己的价值。

自尊不是针锋相对地回应

之前一位读者分享过，面对别人的"出言不逊"，教孩子如何针锋相对地回应。别人说孩子的画不好看，说孩子的衣服不好看，就反驳他说："我看是你眼神儿不好，你自己太难看了，所以你看什么都不好看！"这种话说出来确实心里会很痛快，但给孩子建立强大的自尊体系，肯定不靠这样的回应。

别人当然有权利不喜欢我们，也有权利认为我们的画不好看。如果认为只有赞美自己的才是"正常人"，批评自己的都是"出言不逊"，那这本身就是内心不够强大的表现。事实有真假，观点无对错。别人不喜欢我们，不是我们的问题，也不是他的问题。别人有不喜欢我们的权利，我们的人生目标也不应该是讨人喜欢。人应该把自己当成一个品牌来经营，而不是把自己当作一件商品去推销。推销商品会希望尽可能多的人喜欢这个东西，买这个东西。但是品牌不一样，品牌有自己的调性和受众，没有哪个品牌的受众定位是所有人。我们把自己当成一件商品去推销，就会希望所有人都喜欢自己。**而把自己当成品牌去打造，就会很自然地接受，有些人注定不会懂我，因为他们不是我的受众。但这不影响我是一个好品牌，不会影响到我本身的价值。**——这是我想让女儿在心里建立的信念。

松弛养娃——育儿这条路，你不必追着跑

33 "没做到"也有很多意义

有一天放学后，饼饼在幼儿园门口和几个孩子玩。孩子们爬上一个高台后，又迅速地往下跳，一个比一个灵活。轮到饼饼跳，她弯了弯腿，然后回头看着我说："妈妈，我害怕。"我走到台子前面，张开双臂说道："放心跳，我会接住你的。"饼饼犹豫了一下，选择不相信我。她弯下腰，慢慢地降低重心，整个人趴在台子边上，一条腿悬空伸下去探地，小心翼翼地挪了下去。类似这样的场景我早就习惯了。饼饼的大运动和平衡感比同龄人差很多，性格又比较谨慎，这种挑战身体技能的活动，她经常是图个重在参与。好在她比我还看得开。她说等她6岁就可以跳了（前几个跳下去的孩子都6岁多了）。话音刚落，只见邻居家4岁的孩子利索地爬上台子，二话不说就跳了下来。饼饼本来在运动上就不太自信，这下更受刺激了，有点儿失落地趴在我的腿上，看着别的孩子一遍遍爬上去，又跳下来。就在我思考如何安慰她的时候，班里的老师下班回家从旁边路过。他估计在远远走过来的时候一直在看这里，马上明白了事情的来龙去脉。他笑眯眯地对饼饼说："我发现你很聪明！害怕高，就想别的办法下来，用你觉得安全的方式下来，你真棒！"德国幼儿园老师的这几句话真是挺让我感动的，老师**不只为"做到了"鼓掌，也看到"没做到"的意义**。

我们真的太缺少这一课了。

　　我上高中的时候,每学期都会换座位,考试名次靠前的同学可以优先选座位,以此来鼓励竞争。如今近二十年过去了,现在的父母比之前更关注孩子的心理健康,但大环境的基调还是没变。高考的时候,很多媒体都在预祝考生们旗开得胜。我知道这样说是为了加油鼓劲、振奋人心,这么说的出发点肯定是好的。其实大家都明白,高考的结果遵循排名机制,大学名额有限,不可能人人都考上理想的大学。然而,大家都在鼓励考生成为赢家,那些没考好的输家怎么办呢?他们是不被看到的人群,他们才是更需要被鼓励的人群。我有一位读者,在高考前说想让我祝福她。我没有说"马到成功,金榜题名"这样的话,我告诉她**"加油,放平心态"**。有人会觉得,这算什么祝福哇,祝福如果太克制,还不如不祝福!但是我把话说得再吉利,实际上并不能带来任何好处,但"放平心态"可能是一句对她有用的话。**神经紧绷的人缺的就是"允许放平"的松弛感。**

　　其实,德国的孩子也有毕业考试带来的压力,德国的父母们也会关注孩子考得怎么样。之前网上曾经流传过一位德国校长在考前给全体家长的一封信。信的内容如下:

　　亲爱的家长们,孩子们的考试马上就要到来了。我知道,你们都希望孩子成为出色的人。但是请记住，在这些参加考试的孩子中，**将来会有一位不需要懂数学的艺术家，一位不用关心英国文学史的企业家，一位不用在意化学成绩的音乐家**。如果您家的孩子考了好分数，那太好了。如果没有，请不要打击他的自信和尊严。告诉您的孩子，其实还好，这只是一个考试而已。您的孩子将来是要干更大事情的人。告诉孩子，无论他考得怎么样，您都会爱他，不会评判他。你们将会看到，低分的成绩并不会剥夺他们的才华。并且，请不要以为只有医生和工程师是幸福的人。

饼饼现在还没有考试带来的压力，我的体会还不深，看到这封信，我更多想到的是自己的经历。我高考考得很差，比最差的一次模拟考的成绩还低一百多分。这个打击当然相当大，十几岁的孩子不会听进去什么"高考分数决定不了你的人生"的心灵鸡汤，我几乎要自闭了。"自闭"了大概两个月后，我收拾心情，从零基础开始学德语。一年后我过了语言关（达到德国大学录取要求），十五个月后我拿到了德国排名第一和第二的两所大学的录取通知书。那时候的我一点儿都不坚毅，当时力量的来源一半是读书，另一半是我父母的态度——就是德国校长那封信里说的态度：其实还好，这只是一个考试而已。他们支持我出国留学的决定，尽管在这之前，我离家去过最远的地方是北京。

我们一般人理解的成功就是完成预设的目标。实际上，没有达到目标，是不是就白干了，就不成功了呢？不见得，失败也有失败的意义。"星舰"第一次尝试发射时，火箭在升空后发生了爆炸。按照传统定义，这次发射是失败的，所以有人嘲讽马斯克"三十亿美元放烟花"。他却说："我们应该学会庆祝失败，这次失败测试的成功之处是，让我们学到了如何改进。"有人又说，他表面上接纳失败，但实际上还是崇拜成功的，不然也不会在失败里硬挖成功的点。我觉得并不是这样。这句话的重点不是成功，而是学习。一件事没做成，失败了，如果可以从中学到什么，得到进步，甚至只是产生了思维上的一个转变，那么这个失败也是很有意义的。人们求而不得的松弛感其实就是从"允许失败"中获得。允许自己做不到，允许努力了还是没有结果，允许自己的人生是起起伏伏的。做到了和没做到，有结果和没结果，成功了和没成功，加在一起才是人生。

Part 7 第七部分

社交自由：孩子总要去面对"人情冷暖"

34 当孩子被排挤孤立

有一天放学路上，饼饼有点儿郁闷，她和我说："L今天很大声地对我说'不'，说了好几次。"L是她们班里的一个女孩，和她同岁。我有点儿惊讶，饼饼是那种对所有人都友好和善的孩子，从不招惹别人。她和L之间到底发生了什么？

"L为什么对你说'不'？她不让你干什么？"

"她不想让我和她一起玩。"

"哦，那你知道为什么吗？"

"不知道，她就是不想让我和她一起玩，妈妈你知道为什么吗？"

"我猜不到，她可能有她的理由吧。比如，她那会儿正好想自己一个人待着，或者你玩的游戏她不感兴趣。其实'为什么'不重要，重要的是，你也不一定非得和她玩，你不是有很多朋友吗？"

"可是，我不能和我的朋友玩。"

"为什么？"

"因为L和我的朋友玩，她说，我不可以加入她们。"

虽然说孩子的社交属于孩子，但最后这句话让我警觉起来。她不想和饼饼玩，没问题，这是她的权利，饼饼管不着。但是，**她也不让饼饼的朋友和饼饼玩，把饼饼排除在社交圈外，这是孤立，是不能被容忍的**。在和饼饼商量怎么应对之前，我觉得首先要解决的不是"和谁玩"的问题，而是要打开饼饼的心结。

我能体会到饼饼心里是有一些受伤的，其实，更多的是困惑和不甘。在这之前，饼饼的社交关系很好，班里的孩子对她很好，她喜欢的孩子都喜欢她，她不怎么喜欢的孩子也喜欢她。后来重新组班，新来了这个女孩L，她是第一个饼饼用"热脸贴冷屁股"的人。根据饼饼的描述，她做了很多努力，想让这个女孩喜欢她。她剪了一个手工圣诞树送给L。饼饼还特别强调，圣诞树底下有一个礼物和一个泰迪熊。我看得出她花了很多心思做这个礼物，她想表达友善，想和L做朋友。但是，L还是不和她玩，不仅不和她玩，还不让她加入朋友们的游戏。听到她这么说，我也不禁有点儿难受。4岁的饼饼理解不了L为什么不喜欢她。我问饼饼："你觉得妈妈好吗？"她很干脆地回答："好啊！"我说："我也觉得我很好。但你知道吗？妈妈那么好，还是有一些人不喜欢我。"饼饼不解地问为什么。"这个嘛……其实我也不知道为什么，不管我做什么，我写什么，总会有一些人说我不好，还有人来骂我。"饼饼大概觉得我受委屈了，伸出一只手抚摸我的胳膊，安慰我。我接着问她："你觉得有人不喜欢我，是我的问题吗？"饼饼很坚定地说："不是，是他们的问题。"我拍了一下手说："太对了！他们不喜欢我，不是我的问题。假如所有人都不喜欢我，那么我确实应该在自己身上找原因。但现在的情况是，十个人里面，九个人都喜欢我，只有一个人不喜欢我，这不是我的问题。"饼饼使劲点头。我趁机扣题说："你在幼儿园里有那么多好朋友，大家都那么喜欢你，只有L不喜欢你，你觉得这是你的问题吗？""不是！""没错，我也觉得不是你的问题，尤其是她不让你和你的朋友玩，这一定是她做错了。"

为什么我不帮她想对策解决"和谁玩"的问题，而是和她讨论这些人生哲学呢？因为我知道孩子的思维很直接，他们会觉得世界是一面镜子，他们对别人好，别人就应该也对他们好。如果别人对他们不好，他们就会觉得是因为自己不够好，然后做各种努力讨好对方。尤其是性格偏内向的孩子，情感上更敏感，更容易这样自我归因。我想告诉女儿的是：别人不喜欢她，不一定是因为她做错了什么。L故意孤立饼饼,拉帮结派排挤她,不管理由是什么,一定是L错了。

很多霸凌的发生都是从孤立开始的,被孤立的孩子不敢跟老师和家长说,觉得别人孤立他是因为自己不够好。所以对方才有恃无恐,变本加厉,一步步升级成霸凌。我不是说L就是霸凌者,其实我更愿意相信她只是不太懂怎么社交,以为通过联合几个孩子孤立一个人,这样就可以抢到友谊。

至于对策,我也和饼饼聊过,但是我从一开始就做好了没用的准备。事情发展到了这个程度,我觉得非常有必要和老师沟通,我相信他对这样的情况有应对的办法。老师的看法和我一致,如果L只是不想和饼饼玩,老师不会干涉。德国幼儿园的老师不会一味鼓励孩子们团结友爱,德国的教育主张:我是独立的个体,我有我的想法,我不喜欢和谁玩是我的自由,不喜欢就是不喜欢。但是一个人只能决定他自己怎么做,不能决定别人怎么做。饼饼的朋友并没有不想和饼饼玩,但L却阻止饼饼加入她们,这样肯定是不对的。老师用很强硬的语气在全班同学面前表达了他的态度:每个人都可以选择自己不跟谁玩,但是不可以决定别人不跟谁玩,这是针对个人的排挤和孤立,是坚决不被接受的。

老师很重视这个问题。他和我承诺,接下来会特别留意L和饼饼之间的对话,也和我大致说了他会怎么处理这样的事:如果他听到L说不让饼饼加入，那么L就必须解释为什么不能。是因为这个游戏不能多一个人玩吗？如果不是，饼饼为什么不能加入？是因为她惹过你们大家生气吗？如果没有，那么这种行为就叫作"排挤孤立"，这是绝对不被接受的。那么，L就应该向饼饼道歉，道歉不是为了惩罚她，是因为"排挤孤立"会让别人感到非常受伤。听到老师的这段话，我居然热泪盈眶。我们常会听到这些话："苍蝇不叮无缝的蛋""一个巴掌拍不响""他为什么老欺负你，他怎么不欺负别人呢？"。我上学的时候，就是被老师的这三句话折磨了好几年，现在回想起来，心里还是很不舒服。那时候我明明被欺负，还拼命在自己身上找原因。后来我才回过神来，作为一个"蛋"，凭什么要迎合一只"苍蝇"？很多在学校被欺负，甚至被长期霸凌的孩子不敢告诉老师和家长，其中很大一部分原因是，他们觉得被欺负是一件很羞耻的事，因为他们自己有问题，所以别人才欺负他们。事实上，被苍蝇叮不是因为他们是"有缝的蛋"。先不说一个人能不能永远做"无缝的蛋"，即便做个桌子腿，做个玻璃杯，也可能会被苍蝇叮一口，因为苍蝇就是苍蝇。

下午接饼饼的时候，老师告诉我，他在晨圈活动中和所有孩子强调：每个人都可以加入一起玩，排挤和孤立在这里是不被接受的。他特别留意女孩L和饼饼说了什么，没有再听到L不让饼饼一起玩。两个女孩今天倒是一起大笑，一起拉着手跳，好像之前所有的不愉快都没有发生过。

孩子在社交上遇到了麻烦，家长经常容易陷入两个极端。一个极端是什么都无所谓，觉得小孩子闹了矛盾，睡一觉就好了，没什么大不了的。孩子和家长说一次没得到重视，说两次没得到回应，第三次他就不说了，自己默默承受这些委屈。直到有一天，家长发现什么不对劲时才惊呼："这么大的事你怎么不和我们说？"另一个极端是特别紧张，觉得我的孩子一定不能吃亏，一定不能被冷落在一边，我的孩子在社交上必须是强势的那个，不然就觉得孩子的社交出了问题。社交能力强不强，其判断的标准当然不是孩子在班里交了多少朋友，或者交朋友的速度快不快，慢热的孩子也可能有很强的社交能力。好的方法是在两个极端的中间寻找一个平衡点，告诉孩子他可以很自我，他们的社交属于他们，但也要给他画一条明确的底线，让他知道有些行为是会伤害别人的，有些事是不被容忍的。

所有自由都有边界，所有自我的前提都是尊重。

35 当最好的朋友被抢走了

一个周五的晚上，我陪饼饼在卫生间洗脸。饼饼掬了一捧水撩在脸上，水顺着她的下巴滴答滴答流下来。突然，她猛地抬起头，从镜子里看着我说道："妈妈，我下次不想请L来我的派对了。"饼饼湿漉漉的脸上透着一丝心灰意冷。我有点儿搞不懂，就在几天前，她还和L在路上一蹦一跳追得那么开心，现在她却说出这番话，看上去是经过思考才做出的决定。

"你为什么不想邀请她呢？我以为你们是朋友啊！"

"因为她现在总是拉着我最好的朋友E玩，E都没法儿和我玩了！我只能在L被接走了以后和E玩，E被接走了以后，L才来和我玩。"

我一脸蒙地说道："等等，让我捋一捋，这么听下来的话，你们三个人好像两两之间都能玩得来，那为什么不能三个人一起玩呢？"饼饼用"恨铁不成钢"的眼神看向我说："因为E本来是我最好的朋友！现在L想当她最好的朋友！你能理解了吗，妈妈？"原来，她在意的不单单是朋友，而且是最好的朋友，一段最好的关系。"最"这个字，真是世间一切烦恼的根源啊！

听她这么说，我不由得想起在幼儿园看到的匪夷所思的一幕。有一天我去接饼饼，她最好的朋友E正好也被接走。两个小姑娘一起穿好衣服和鞋子，手拉手往门口蹦。就在快要蹦出门的时候，一个女孩冲了过来，拉住E的胳膊。E只好松开饼饼的手，饼饼在一旁呆呆地看着她们。那女孩抱着E，使劲在她脸上亲了一口。我本来觉得小朋友之间表达友谊的方式挺可爱的，但就在这时，我看到那个女孩意味深长地瞟了饼饼一眼。从那个眼神里，我看出了一丝得意，她好像在宣布对E的"所有权"。那个女孩就是L。当时我觉得自己想太多了，小孩子哪有这么复杂？不过现在结合饼饼的描述，我才知道天真的是我。所以，我该怎么办呢？是给饼饼支着儿，告诉她怎么把好朋友"抢回来"吗？还是亲自帮她把好朋友拉拢回来呢？比如，放学以后喊E来家里玩，巩固一下她和饼饼之间的友情。这时饼饼又补了一句："妈妈，你知道吗？最近L的妈妈每天都把E一起接走，中午就接走了！她们一下午都在L家里玩！"

我摸着饼饼的肩膀，用共情为自己争取思考时间。

"我听懂了，你和E本来是最好的朋友，现在L总是拉着她单独玩，还想当她最好的朋友，你肯定很难过，对吗？"

"对，妈妈，我太难过了！以前E一整天都和我玩，现在她很少陪我了。我看到她们一起玩得那么开心，我真的好伤心。"

"我知道，妈妈小时候也遇到过一模一样的情况，我看她们玩得越开心，心里就越难受。"

"对，我也是这样！"

"她们俩一起玩的时候，你会干什么呢？"

"我会过去问她们是否可以一起玩。"

"她们怎么说?"

"她们说可以,但是玩着玩着,L就把E拉走单独玩了。"说到这里,饼饼失落地垂下头,眼睛里的光黯淡了。

饼饼是个敏感、细腻的孩子,我总结出来一个规律:在她泄气、失落、受挫,觉得自己不够好的时候,我一定要先说那些给她打气的话,让她找回力量感。

"你知道吗?我发现你有一点真的特别好。"

"是什么?"

"你很善良,而且心胸开阔。"

"妈妈,你说什么?什么是'心胸开阔'?"

"比如,有一些心胸不够开阔的人,他们会霸占朋友,觉得他们最好的朋友只能和自己一个人玩,别人想加入,他们就想各种办法阻止。但你不是这样的,你不仅可以接受新朋友,还主动提出三个人一起玩,说明你善良、包容。"

饼饼听了以后使劲点头。

"你觉得霸占朋友好吗?"

"不好!"

"是的,不仅对朋友不好,对他们自己也不好。霸占朋友时间长了,朋友肯定会不舒服的,没有人喜欢被这样对待。"

"对的,妈妈!E也和我说过,她和L一起玩有很多stress

（压力），因为L不让她找别人玩。E说更喜欢和我在一起。"（一个5岁的孩子竟然用了"压力"这个词。）

"你看，妈妈说得没错！你胸怀宽广、心地善良，别人肯定喜欢和你在一起，你身上的这些特质，以后一定会让你交到更多朋友。"

"嗯！"

"你知道吗？其实妈妈觉得，在E的心里，你还是她最好的朋友，只是她不太会拒绝别人。不是说跟谁玩的时间长，谁就是最好的朋友，而是要看是不是真的相互喜欢。"

说到这里，我看到饼饼眼睛里的光又回来了。看到她重新振作起来，我觉得可以进入解决方案的环节了。可是，解决方案究竟是什么呢？虽然E说更喜欢饼饼，但她和L一起玩得倒也挺开心的。L也并不是针对饼饼、排挤饼饼，如果非要说她在针对谁，她针对的是E，她想独占E的友情。想不到解决方案，我决定先和饼饼聊一聊"朋友"这回事，继续为自己争取思考的时间。

"你和E是最好的朋友，你觉得是因为什么呢？"

"因为我好喜欢和她一起玩，她也好喜欢和我玩。"

"嗯，是因为你们能玩到一块儿去，你喜欢的她也喜欢，你们有很多相似的兴趣。"

"对！"

"那你觉得，L也想当E最好的朋友，又是为什么呢？"

"因为她们喜欢的也一样？"

"真的很有可能！你和E喜欢的一样，E和L喜欢的也一样，那这是不是说明，你和L喜欢玩的也一样？妈妈甚至觉得啊，如果没有E在，说不定你和L能成为很好的朋友呢！"

饼饼眨了眨眼说："嗯，我喜欢小猫咪，L也喜欢小猫咪。"

"由于L的行为，你和E在一起玩的时间变少了，所以你觉得失去了好多快乐，是吗？"

"对，以前我和E可以玩一整天！现在我们在一起玩的时间很少了。"

"你知道大人为什么不如小孩子开心吗？"

"因为大人要工作？"

"这是一个原因，不过还有一个重要的原因——大人脑子里总想着'我失去了什么''我想要什么'，但容易忘了'我拥有什么'，所以他们不开心。就像你和E的友情，如果一直想着少了的那些时间，你就会不开心。但别忘了，你们还是拥有在一起的时间哪！"

饼饼听了以后陷入了思考。

随后我继续引导她说："咱们很难改变别人的做法，但是，咱们可以改变自己的想法——你和E在一起玩的时间少了，但从另一方面想，你也多出来了时间做其他的事啊！"

"嗯，我现在有更多时间和Y玩了，Y今天送给我一个粉色的发卡。还有新来的J，我也有时间认识他了，他还会说中文呢！"

"你看，如果你一整天都和E在一起，那这些都不会发生了呀！这么想的话，E跟L玩好像对你也不全是坏处，也有好的一面，是不是？"

"嗯！"

尽管最后也没想出怎么把好朋友"抢回来"，但我真心觉得，经过这一番对话，她收获了很多。无论是饼饼和谁玩这件事，还是人生中很多其他的事，有时候真的挺让人无奈的，因为这是别人的自由，别人的选择。总想改变别人，痛苦的却是自己。但我们可以选择自己看待事情的方式，改变自己。

36 当孩子在外面和别人抢滑梯

规则也有失灵的时候

我一直坚持着这样一个观点：规则只有一套，不能一会儿一套，不然就只能等着乱套。要不要分享东西，只有一个规则，那就是东西是谁的，谁就有决定权。在游乐场玩，只有"先来后到"

这一个规则,谁先来谁先玩,所有人轮流玩。规则可以避免很多矛盾,但规则不会消除矛盾。比如,两个孩子同时跑到了滑梯那里,都不承认自己是后到的那一个。这种情况应该怎么办呢?

孩子的社交还给孩子,这个规则也得分情况讨论。如果孩子可以像成年人一样冷静地思考,在滑梯前面讨论出个办法,比如玩"剪刀石头布",谁赢谁先滑,或者其中一方让着另一方,让他先滑,那么当然可以把孩子的社交还给孩子。

但更常见的情况往往是矛盾升级,两个孩子打起来了。

跳出"二选一"的困境

孩子自己解决不了冲突,矛盾升级了,作为家长,该插手时就插手。就像经济学中的市场,好像有双"无形的手"在引导它有规律地运作,但市场也有失灵的时候,所以市场还需要"有形的手",也就是国家的宏观调控。对于孩子来说,"无形的手"是孩子自己的社交能力,"有形的手"是大人的干预。那么,家长要怎么有效地干预呢?

我觉得,这时候不妨以轻松幽默的方式化解冲突。比如,家长可以说:"哎呀,这里堵车了吗?谁愿意当警察,指挥一下交通?"小男孩都不会拒绝当警察,指挥另一个孩子先滑的人表面上是让步了,但心里并不会觉得委屈。

松弛养娃——育儿这条路，你不必追着跑

有一次，饼饼在邻居家玩，邻居家的男孩想玩消防员游戏，饼饼却想玩警察游戏，两个人都是倔脾气，为了这点小事争得眼泪汪汪。这件事后来是怎么解决的呢？邻居妈妈出来解围说："你们知道吗？着火的时候，警察和消防员经常同时出动！喂，这里着火了，呼叫消防员救火，呼叫警察来抓放火嫌疑人！"两个孩子听了，喜笑颜开地按照这个剧本去演，一个人当消防员，另一个人当警察，入戏很深。像这种并不涉及原则的分歧，解决方法不一定是"二选一"。有时候，为了想得到一个好答案，要先跳出问题本身。

让杏仁核停下来

我读过一本书叫《掌控谈话》，核心内容是和犯罪分子谈判的技巧，其中的很多方法也适合用于日常生活。书中讲到人类的脑部有个部位叫杏仁核，杏仁核越活跃，人就越兴奋、越冲动。在杏仁核被激活的状态下，情绪会占据头脑，此时人是没法儿理性思考的。

那么，怎么让杏仁核停下来呢？*最好的办法就是：让人思考。*人一思考，大脑的掌控权就被移交给大脑前额叶皮层，理性就会占上风，情绪就会平静下来。所以，厉害的人和劫匪谈判，不是高喊"抗拒从严"，而是想办法让他们思考。一旦他们开始思考，就会逐渐恢复理性，更容易缴械投降。

我带饼饼在游乐场玩，也遇到过类似的情况。两个孩子一起到了秋千那里，都想先玩，都不肯松开抓着秋千绳子的手。我问她们："你们俩都想荡秋千，有什么办法吗？"两个女孩想了一会儿说："可以一个人荡，另一个人推！"可能成年人会觉得推秋千是"吃亏"的，但孩子们不这么想，他们觉得推秋千也是玩，推秋千和荡秋千一样好玩。所以，两个孩子都不介意谁先推，谁先荡，轮流给对方推秋千，玩得很开心。当孩子对一个决定有参与感，而不是被大人告知怎么做时，他们更容易接受这个结果。

37 当孩子被同学起侮辱性外号

之前有位读者给我留言说，儿子从学校回家对她的态度，常常受到同学们对他态度的影响。有一段时间，儿子老是冲她喊"胖猪"，后来才知道是因为同学叫他"胖猪"。还有一阵子，儿子在家动不动就说"闭嘴"，也是因为班里的男生总让他"闭嘴"。我看了这条留言很心疼，如果仅从这段描述来看，孩子正身处一个可能演变为校园霸凌的环境中。不过后来她又补充道，孩子在学校大体上还是开心的，只是每个班都会有那么一两个调皮的孩子，没事惹惹这个，惹惹那个，她想让儿子别被那些人困扰。其实，有很多读者都跟我提到过这方面的问题：孩子在学校被起了侮辱性的外号，感到很苦恼，怎么办？

对此我深有感触。我在上初中的时候体重达到了120斤，被班里几个男生追着喊"胖猪""肌肉腿"和"大象腿"。那么，我是如何应对这种情况的呢？在说出我的应对办法之前，我觉得有必要先说一句，有些外号是善意的，是关系好的朋友之间的昵称，类似于孩子们给友谊打上的"专属印章"，不仅没有恶意，还会促进孩子们之间的关系。善意的外号在成年人看来不一定很友善，是否友善不是家长说了算，要看被起外号的孩子怎么看。

我上高中的时候，妈妈听到一个男生喊我"烧鸡姐"，她皱着眉头说："怎么给人起这种外号？这么难听！太不像话了！"其实我和那个男生是好朋友，因为关系太好了，才会相互喊搞笑的外号，我很清楚他不是在侮辱我。被起外号的人没有觉得被冒犯，喊外号的人也没有恶意，那就没问题。但如果是"肥猪"这样的侮辱性外号，孩子明显对此感到极度不适，而起外号的人明显也不是想表达亲昵，这就完全是另一回事了。**语言上的恶意攻击也是暴力，一定要和老师反映，引起重视。**老师管不管是他的课题，家长或孩子说不说是我们的课题。我不认为这是孩子必须独自面对的"丛林法则"，丛林里的狮子、老虎、羚羊还知道保护幼崽，为什么"人类幼崽"就得任其自生自灭呢?

和孩子聊这样的话题,我有一个原则就是感受先行。"被人这么喊,你肯定很生气,很难受。妈妈小时候也被人起外号,有一次我穿裙子,几个男生追着我喊'大象腿''胖猪'!"

孩子很可能会关心地问:"后来呢?"

"后来,我一直到毕业都没再穿过裙子。现在想起来,我觉得自己真傻。就因为他们的一句话,我就放弃了美丽的裙子,他们配吗?但当时我想不通啊,因为被喊外号太尴尬了。妈妈很理解你的心情。"

很多孩子会觉得被取笑是因为自己的问题,从而感到自卑。别人喊我"胖猪"是因为我太胖了;别人喊我"猪腿"是因为我的腿太粗了;别人喊我"蠢猪"是因为我太笨了。总之,都是我的问题。再加上有些人习惯使用一套奇怪的所谓的逻辑,比如,"为什么人家不喊别人'胖猪',偏偏喊你呢?""为什么人家不欺负别人,偏偏欺负你呢?"。如果真的想分析一下他们的心理,那也是应该和孩子讨论他们这么做的动机是什么,他们到底想达到什么目的。他们可能是受到父母说话习惯的影响,在家被父母骂"蠢猪",不敢反抗,到学校把气撒在老实的同学身上;可能是被高年级的同学欺负,咽不下这口气,就把气转嫁到弱小的孩子身上,找心理平衡;可能是缺乏同理心,意识不到自己的话伤害了别人,还觉得这是有幽默感的表现;还可能是嫉妒别人的某个方面,喊外号让别人难堪,他们会获得一种快感,这明显是一种畸形心理。无论是哪种可能性,都有一个共同点:被喊外号的孩子没有做错什么,错在用外号侮辱人的一方,他们应该感到耻辱。

最后,再来说一说怎么应对这种被喊侮辱性外号的场面。"文明"的办法我们都知道,盯着对方的眼睛,大声地喊:"停!闭嘴!"可是这种办法往往收效甚微。在家和孩子说得好好的,他也说记住了,但真的遇到这种事情,往往就怕了!其实,可以通过平时的演练为孩子壮胆。小孩子可以拿两个娃娃来练习。大孩子用真人练习,家长当陪练,扮演喊外号的人,让孩子对着家长练习大喊"停!""闭嘴!""我不喜欢!",直到练成和条件反射一样,可以脱口而出。如果孩子的身材比较瘦弱,可以多带他参加体育运动,强健体魄。有条件有兴趣的话,可以考虑学一学武术,不为打架,而是为了保护自己。至少在需要的时候,能够站在那里,从气势上就不落下风。如果"文明"的办法不管用,对方还是嬉皮笑脸地继续喊侮辱性的外号,怎么办呢?给大家分享一个我自己的方法。别人喊你"胖猪",你就微笑着大声对他说:"你自报家门要大声一点儿!来,再给我喊一遍!"道高一尺,魔高一丈,对方就会气急败坏地一边跳脚,一边说:"你是胖猪、胖猪、胖猪!"这个时候,你只需要表情放松、面带微笑地说:"让你喊你就喊!真乖!来,继续给我喊!大点声!"

有人可能觉得这样不够"正确",但真的管用。上初中的时候,我就是这么整顿那些喊我侮辱性外号的男生的。当一个人想伤害我们,最好的回击就是让他看到,他根本伤害不了别人。

38 当孩子总喜欢控制别人

我在前面提到,饼饼最好的朋友E被女孩L"抢走"了,L希望独占E的时间,想方设法阻止E和饼饼玩,以为这样她自己就可以成为E最好的朋友。就在饼饼失落的时候,E悄悄和饼饼说,她更喜欢和饼饼玩,和L在一起有很多压力。5岁半的孩子用"压力"形容一段关系,我听了也非常惊讶。E看上去是那种没什么主见的孩子,实际上,她心里什么都明白。那么,如果自己的孩子是L,总喜欢强势主导指挥别的孩子,让别人心里不舒服,怎么办呢?

对于饼饼而言,她在家里的时候是强势的一方,她喜欢纠正别人怎么玩,决定玩的规则,甚至从别人手里夺过玩具进行"强行教学"。当然,这种情形仅限于在我们家。如果我带她去别人家里玩,她又转型成了"弱势"的一方,被别的孩子纠正和控制。

有一次，饼饼的好朋友来我们家玩，我一边工作一边偷瞄她们。两个人一起玩磁力片，她搭一块，好朋友搭一块，她把人家刚搭上去的磁力片拿下来说："不是这样的！放这里更好。"好朋友不熟悉桌游游戏，没有按规则走，饼饼气急败坏地把人家的棋子拿起来，丢回起点说："不是这样的！"如此反复了几次后，好朋友坐在沙发上，怀里抱个枕头，在一边默默地看饼饼玩。

以前碰到这种情况，无论强势的一方是谁，我都会提醒那个孩子："别人愿意怎么玩就怎么玩。没有人规定必须按照你的想法玩，不需要一直纠正别人。"饼饼是个很有自己想法的孩子，听我这么说，她一般就会拉着朋友去别的屋子，或者直接对我说："妈妈，你不用看我们玩，你好好工作，行吗？"

其实仔细想想这些话，真是挺可笑的。我这么说，难道我不强势吗？我不是也在纠正别人吗？又是谁规定了必须按照我说的做呢？难道只因为我是大人，我就可以成为更强势的一方吗？

后来，我换了一种思路。**把强势的孩子当成一个总想帮忙，但又缺乏社交技巧的孩子看待**。饼饼看到朋友拿起一个玩具，摆弄来摆弄去不会玩，她忍无可忍，一把抢过来演示，其实她只是单纯地想让别人知道怎么玩。于是，在饼饼"强行教学"的时候，我帮她说出了这个想法："你其实是想告诉她，这个玩具怎么玩才好玩，桌游的规则是什么，你想帮她，是不是？"饼饼使劲点头,表示自己就是"恨铁不成钢"。我接着说道:"你喜欢帮别人,这样真的特别好!不过帮助也是有技巧的,否则会让别人觉得不舒服。你想啊,如果你正在摆弄一个玩具,别人二话不说夺过去说'我教你玩',你是不是会很不高兴?"每次用这种换位思考的方式举例,饼饼就更容易意识到自己的做法给别人带来什么感受。帮助的技巧特别简单,就是先问一句**"你需要帮忙吗?""我可以帮你吗?"**这样的话。如果别人不需要帮忙,更想自己来,那我们就不用帮。如果别人需要帮忙,自然会主动把东西交到我们手里,这样既能帮到别人,也表示了对别人的尊重。

另一种情况是,对方本来就没做错什么事,也没什么好帮忙的,但孩子就是认为自己的玩法更好,强行纠正别人。比如用磁力片搭城堡,这本来就是个没有对错的游戏。但是,饼饼在脑子里设想了一幅城堡的蓝图,于是想让对方也按照她的蓝图搭,所以不断纠正对方"不是这样的,应该放那里"。我问饼饼:"你觉得搭这里更好,因为这样看上去更整齐,对吧?"然后又问那个女孩子:"你觉得搭那里更好,因为你觉得那样更好看,是不是?"两个孩子都感觉自己被理解了,都想听我继续说下去,等我评理到底怎么搭更好。我把磁力片放在一个新的位置说:"我觉得这样更好。"两个孩子看到后都蒙了。我趁机进行价值观输入:"咱们想的不一样,因为咱们是不同的人啊!你们发现没有,这个玩具之所以好玩，就在于不同的人有不同的玩法。你是这种玩法，她是那种玩法，你们相互交流，每个人都有了两种玩法。如果每个人想得都一样，玩得都一样，那多无聊啊！"

有人可能说，看到有些孩子霸道强势，就气不打一处来，实在没法儿把他们看成"想帮助别人"的孩子。但是仔细想一想，我们自己帮孩子做事的时候，有没有"霸道强势"过呢？

孩子正在自己穿衣服，我们上去帮他们穿好；孩子正在自己拧瓶盖，我们替他们着急，帮他们拧开。如果帮助孩子的时候，我们做的是这样的示范，孩子怎么可能学会有技巧地帮忙呢？有些事情没有对错之分，只有不同的想法，这也是我们大人缺失的一课。

39 当"傻孩子"在外面总吃亏

曾经有一位读者妈妈向我求助，说儿子今年9岁，已经开始形成一套自己为人处世的风格了。他去一个小时候的玩伴家里玩，玩伴很抠门儿，藏着掖着好吃的不给他。后来玩伴来她家里，本来是"以牙还牙"的好机会，结果儿子却"不争气"，把好吃好喝的摆出来招待对方。孩子的姥姥知道以后特别生气，觉得孩子吃亏了。她问我应该怎么提醒孩子，不要在外面总是吃亏。

我认为先要明确一点，这是两个 9 岁男孩之间的交往，是孩子们的课题。大人喜欢把自己的感受代入到孩子身上，**有种难受叫作家长觉得孩子难受，有种吃亏叫作家长觉得孩子吃亏**。所以我经常说，替孩子"出气"之前需要冷静地想一想，到底是孩子需要出这口气，还是大人自己咽不下这口气。9 岁的男孩已经具备一定的独立判断能力，这个年龄的孩子特别需要父母的信任，尤其是在处理社交关系的事情上。

再说说"吃亏"这件事。成长环境、生活条件、社会背景等都影响着我们的思维习惯。这本来是很正常的，没什么问题，但如果总想着用大人的思维和习惯来改造并约束孩子的行为，那就有问题。孩子会觉得爸妈怎么这么计较，这么小气。很多青春期的孩子开始"嫌弃"父母，其中很大的原因是他们觉得父母在精神层面上落后，无法沟通。

最后说说引导。如果换作是我的话，我可能会从以下三个方面来说。

"今天你姥姥和我生气了。你猜为什么？姥姥觉得你的朋友对你那么抠门儿，而你却大大方方地招待他，你吃亏了。"儿子大概率会说："这有什么大不了的啊，不用这么计较！"这时候就可以顺着他说："对啊，妈妈也是这样认为的，这说明你格局大，是特别重情义的孩子，对不对？"先接住他的话，站在他的一边，他才愿意继续听下去。

"不过，从另一方面说，妈妈也能理解姥姥是怎么想的。以前的生活条件不像现在这么好，需要'计较'着过日子才能养活一家人，别人来家里多吃一口米，家里人就少吃一口米，苦日子过惯了，想法和咱们不一样，这是很正常的。"这是为了引导他理解别人的想法，不同的人可以对一件事有不同看法，一家人也不例外。

"妈妈觉得你很善良，对朋友仗义、真诚，所以在交友上对你特别放心。但是你以后会接触到各种各样的人，有些人是不值得付出真心的，这些都需要你自己来判断。我觉得姥姥介意的可能也不是这点吃的，而是担心你在一些更大的事情上吃亏。"

如果孩子听得进去，他下次遇到类似问题的时候，也会多斟酌一下：他那样对我，我值不值得这样对他？他是不是就是那种"不值得付出真心的人"？而如果孩子听不进去，说再多也没有用，让人回头的不是道理，是"南墙"。碰几次南墙，夜里蒙着被子哭几次，就什么都懂了，我们都是这么长大的。

第三章

松弛感唤醒自驱力

"听了很多道理，做了很多努力，仍然无法养好一个孩子。"如果我们有这样的感受，也许需要做的只是"放手"。

很多过度干涉的行为追根溯源都是出于爱。因为爱，所以想让孩子少经历一点儿挫折，少走一点儿弯路，过得顺一点儿。但是，当孩子按照父母的安排一路走下去，结果却发现自己的生活并不如意，到头来往往会怪到父母的头上。

我们只顾着帮他们"扫清障碍"，但似乎没有教过他们一件重要的事——对自己的人生负责。信任孩子，不矮化孩子，这是自驱型成长的前提。

Part 8
沟通：怎么说孩子愿意听

40 当孩子被同学骂"傻子"

有一天，我去幼儿园接饼饼，她和好朋友依依不舍地隔着花园铁栏杆继续玩。我默默后退了两步，蹲在树荫里，用余光瞥到了同班一个小男孩M在栏杆里面看着她俩玩。我记得他是个特别淘气的孩子。第一天上幼儿园，他就爬到幼儿园花园放工具的小屋子上面，把屋顶掏了个窟窿。这才过了一年，他好像长大了，一个人安静地站在那里，看着两个女孩笑。

我陷入沉思：德国幼儿园老师真厉害，再淘气的孩子，在他们的教育下，也能长成彬彬有礼的孩子……突然，男孩的一句话打断了我的沉思。他冲两个女孩大声喊："嘿，你个傻子！"这句话翻译成中文，好像杀伤力没有那么大，但在德语里侮辱性比较强。饼饼愣了一下，瞪着他说："不可以说这个，不能骂人，我不喜欢！"男孩嬉皮笑脸地又喊了一遍。

两个女孩的目光同时落在了我的身上。我向前走了两步，站在饼饼身后，身影同时盖住了饼饼和男孩M，一字一顿地对男孩说："我替她再重复一遍，她不喜欢你这么说，不可以的意思是她不允许你这样做！"男孩听后转身跑开了。

孩子在我眼皮底下被人骂，我却没有太动怒，因为骂人的是个4岁的男孩。很多孩子在成长中都会经历"污言秽语期"。其实，孩子的每个"问题行为"的背后都有所期待。孩子骂人说脏话背后的期待可能有三种：一是探索语言，他不太清楚这句话具体代表什么，会给别人带去什么感受，他在试探。二是寻找力量，男孩M的家里有个比他大12岁的哥哥，我之前在路上看到过哥哥怎么欺负他，所以M说出这样的话，我不惊讶，他很可能在家就是被哥哥这么骂的。在家里缺失的力量感，父母没有给他补上，他只能用不合适的方法找补。三是吸引注意力，饼饼和好朋友玩得正投入，一句"嘿"没法儿引起她们的注意，但一声"傻子"可以引起在场所有人的关注。无论是以上三个期待中的哪一个，都不至于说这个男孩是坏孩子。不过我也没有给他讲道理，因为对不听道理的人讲道理，结果只会是自寻烦恼。比起教训对方一顿，我更关心饼饼此刻的心理活动。

莫名其妙被人骂"傻子"，提出抗议又被人忽视，当然是很郁闷的。这种情况下，我的一贯做法是先给孩子打打气，挑选让她有力量的话说。我说："你知道吗？你刚才真的太棒了。"她抬头看我，问道："为什么呢？""M说话那么无礼，但你没有因为他无礼就也变得无礼。你还是很礼貌、很清晰地表达了自己的态度，说明你情商高、会说话！"

饼饼的嘴角露出一丝笑意，但笑意转瞬即逝。她说："可是我说了也没用，他不听我的。"

"当然有用啊！并不是一句话让别人住口才叫有用。你表达了你的态度，让他知道你不接受、你不喜欢、你不好惹，这也叫有用啊！"孩子判断一件事有没有用，是从经验中获得的，但他们经常只能看到表象（比如有没有让对方住口），不能看到拒绝本身的意义（表达态度）。说这些就是想让饼饼知道一件事：他听不听是他的课题，你表不表态是你的课题。无论别人如何回应，自己的课题才是我们要关心的。

本以为这件事就这样过去了，结果在回家的路上饼饼又提起来，她说："他为什么骂我们'傻子'呢？我们什么都没做。"我就等着这句话呢。这也是我想让孩子明白的，界定"是谁的问题"。**很多孩子被人骂、被起侮辱性的外号、被打、被欺负、被霸凌,都会在心里问自己:为什么是我?这是个很危险的自我反思。**问题本来不出在受害者身上,但如果反复琢磨,就容易自我归因:他们骂我是因为我做了什么,他们喊我"胖猪"是因为我太胖了,他们打我是因为我太软弱……我经常和人说,苍蝇叮蛋,没有那么多五花八门的原因,只因为它是苍蝇。我问饼饼:"你是怎么想的?他骂你们'傻子',你觉得是因为你们真的傻吗?""不是!""对呀,当然不是!他骂人是因为他很无礼,这是他的问题,和你们没半点儿关系。"饼饼的表情告诉我,她的心结解开了,这件事也就算过去了。

我知道会有人质疑:就这么算了?不找他的家长聊聊吗?不跟老师说吗?其实在回家的路上,我碰见了男孩 M 的爸爸,想了想,还是没有提起这件事。不是我脾气好,而是另有原因。我从饼饼嘴里了解到,这是一次偶然事件,之前没有发生过。如果是经常性事件,或者针对性事件,那就另当别论了。我也告诉饼饼:"如果他之后再骂人,你大声拒绝他不听,可以直接告诉老师,回家告诉妈妈,我们坚决和你站在一边,没有人可以这样对你。"此外,这件事是在幼儿园发生的,如果要沟通,也不应该跳过老师。我不了解男孩 M 的家庭,不清楚他的爸爸是什么样的人。如果他是一副"小孩子嘛,很正常"的态度,我可能会和他的爸爸吵一架。我没有权利教育别人的孩子,所以我不会直接找对方家长,而是让老师当中间人去沟通。

这件事后,我借机教了饼饼一句德语谚语"Du bist, was du sagst",直译成中文就是"你说什么,你就是什么"。光从字面意思上来看,这句话好像在打嘴架,比如"你骂我是猪,你就是猪",其实这句话的意思是"你说什么话,就表明了你是什么人"。用礼貌、友善、表达尊重的语言说话,说明那是个礼貌、友善、值得尊重的人。用充满恶意、阴暗、不尊重的语言攻击别人,只能说明那是个充满恶意、阴暗、不值得尊重的人。世界怎么对待我们,其实都是我们教的。

㊶ 当孩子害怕"床底下的怪兽"

有一天,我们全家在吃午饭,突然传来邻居钻墙的声音,那声音就像直接钻在我的耳膜上。饼饼被突如其来的噪声吓得大哭,饭也不吃了,蜷缩在爸爸的怀里不出来。刚刚哄好她没三分钟,电钻声又来了。后来,饼饼午觉也没睡成,我晚上哄了她两个小时才入睡,窗外有风吹的声音,都能把她吓得崩溃大哭。之后的一段时间,只要邻居开跑车经过,她就会哭哭啼啼好一阵,钻进我怀里说害怕。

在我的印象中，饼饼从出生到现在，除了陌生人，先后害怕过的东西包括但不仅限于：小猫小狗、蚂蚁、小飞虫、电动小火车、电钻声、跑车声和有声绘本的某些音效。我查阅了德国联邦健康教育中心列举的0—12岁孩子通常会经历的恐惧，顿时感觉成长真是不易。

0—1岁：怕陌生人，怕陌生的东西，怕噪声，怕高，怕分离；

1—4岁：怕动物，怕黑，怕一个人待着；

4—6岁：怕幻想出来的事物（"鬼"、床底下的怪兽、小偷），怕自然的力量（闪电、雷声）；

6—12岁：怕死亡，怕上学，怕受伤，怕生病，怕社交。

那么，如何应对孩子的恐惧呢？那就要具体分析了。例如，同样是怕社交的孩子，背后也会隐藏着不同的心理需求。在自学心理学和实践的过程中，我发现虽然应对孩子的恐惧没有万全的办法，但有很多共同的原则。把握住这些原则，往往能够达到无招胜有招的效果。

孩子有害怕的权利

当孩子害怕的时候，很多人的第一反应是安慰"不怕不怕，没事没事"。我们成年人的恐惧不会因为别人轻描淡写的"不怕"而消失，孩子也一样。恐惧跟喜怒哀乐一样，是人类再正常不过的感受。孩子有害怕的权利。我们能帮助他们的是<mark>面对恐惧，而非消除恐惧</mark>。

尽情讨论恐惧，越不避讳越放松

饼饼害怕邻居跑车声的那段时间，我发现如果我只是在她怕的当下把她抱在怀里说"我知道你害怕"，是远远不够的。她没有机会面对恐惧，她不知道这个声音意味着什么。

后来，我开始跟她认真讨论这些"可怕"的噪声，我跟她解释这些声音是从哪里来的。当跑车经过时，我就跟她一起站在落地窗前往外望，让她看看到底是什么发出的声音。一开始，她需要我抱着她看。后来，她发现原来跑车除了吵，其实对她无法造成任何威胁，她开始放松警惕，自己跑到落地窗前看。终于有一天，在跑车经过的时候，她面不改色地对爸爸说："这是跑车的声音，饼饼不怕，爸爸怕吗？饼饼保护爸爸！"从那以后，饼饼再也没有因为跑车和摩托车的声音而害怕过。

<mark>把害怕的东西"摆在桌面上讨论"，大方地说出恐惧的感觉，比避讳不谈更让人觉得放松</mark>。很多人在演讲前会说"我现在紧张得手心冒汗"，其实就是直面讨论恐惧的技巧，把恐惧说出来反而

放松了很多。

后来有一次，邻居家割草机的声音又把饼饼吓坏了。等她情绪平复后，我们之间进行了一场对话。

"你害怕这台割草机的声音是吗？"

"是！"

"那你描述一下，这个声音是什么样子的呢？"

"灰色的。"

"原来你害怕灰色的声音啊！"

"不对，黑色的！"

"噢，你不喜欢黑色的声音。"

"嗯！"

"那你喜欢什么颜色的声音呢？"

"粉色的。"

"我告诉你个秘密，爸爸害怕粉色的声音。"

聊到这里，饼饼开始咯咯地笑个不停，她已经在想象爸爸被"粉色的声音"吓到的场景。所以，这段对话到底有什么意义呢？和饼饼探讨声音的颜色是一种心理学暗示吗？其实什么暗示都不是，只是为了把孩子害怕的对象"摆在桌面上"，好好讨论一番。

在上面这两个例子中，饼饼怕的对象都是真实存在的。如果怕的是"鬼"和"床底下的怪兽"呢？面对孩子假想出来的恐惧对象，理性分析是没用的。尤其对于2—4岁的孩子来说，他们根本无法区分想象和现实，所以我用了"一物降一物"的办法。

怪兽是假的，但害怕的感觉是真的

有一阵子，饼饼睡眠倒退得厉害。中午睡一小会儿，她就会哭着醒来，让我进去陪她睡。早上四点多，她又哭着醒来，吵着到大床上来，贴着我睡。后来更过分了，半夜我突然感觉背后有人拍我肩膀，吓得我半条命都没了。我转过身，饼饼咚地扑在我身上，脑袋顶着我下巴，压着我睡到天亮。

孩子的睡眠倒退太正常了，但现在的问题是，饼饼的睡眠倒退严重影响了我的睡眠。一天晚上，她进卧室前，我跟她划清界限说："你睡你的，我睡我的，不然我们都睡不好。"她哼哼唧唧不乐意，说道："我就要去大床上！我就要跟你睡！"僵持不下，我烦了，"威胁"她说："你要是半夜总爬上大床，我都不敢跟你在同一个房间睡了！"

饼饼爸爸把饼饼哄睡后，从卧室出来，对我说："饼饼晚上总想上大床，中午让你进去陪睡，可能都是因为她害怕。""她怕什么呢？""怕怪兽。"

三四岁的孩子，都会经历"怕怪兽"的阶段。我现在还记得，我小时候晚上憋着尿不敢下床，就是怕被床底下的怪兽抓住脚。

晚上一关灯，我就会感觉卧室的大衣柜笼罩着一层恐怖的雾气。但我万万没想到，"怕怪兽"的阶段在饼饼身上来得这么早。但是不管怕的对象是什么，有一条原则可以以不变应万变：不否定恐惧的对象。孩子说怕"鬼"，家长说世界上根本没有"鬼"，"鬼"都是人假扮的；孩子说怕怪兽，家长说房间里根本没有怪兽，开灯给他看；孩子说看到一个人影飘过，家长说不可能，根本没人来过房间；孩子说床底下有鳄鱼，家长把床拉开说明明没有，不用怕。这些否定的说法，都是希望用最快速的方式，帮孩子摆脱恐惧。但很可惜，有些事就是欲速则不达。谁都知道怪兽是假的，是孩子虚构出来的，但害怕怪兽的感觉是真实存在的。既然感受是真实的，办法就不是消除它，而是面对它。打开灯，拉开床，证明屋里没有怪兽，这不叫面对。面对的第一步是关注，把孩子怕的东西拿出来讨论，让孩子觉得这个怪兽确实引起了家长的重视，他们反而会觉得放松。毕竟，在孩子眼里，家长是强大有力量的，只要家长在，怪兽就不敢怎样。

饼饼爸爸提醒我饼饼害怕怪兽的第二天晚上，她进卧室前又向我提出要到大床上睡。

"为什么啊？"

"因为我害怕。"

"你怕什么呢？"

"怪兽。"

"那个怪兽长什么样啊?"

"黑色的。"

"很大吗?"

"很大的!"

"它有眼睛吗?"

"有的,绿色的眼睛。"

"它长尾巴了吗?"

"有的,尾巴很长!"

"它身上有没有哪个地方是粉色的?"

……

就这么一来一回,我跟饼饼把怪兽的模样描述了一遍。说起怪兽的样子,饼饼没有紧张,反而越说越放松。她感觉得到,我是真的非常在乎这件事。

饼饼描述完怪兽的样子,我认真地跟她说:"我现在知道这是什么怪兽了。"饼饼听了以后用力点头。

"你知道吗?怪兽有个共同的特点。"

"什么?"

"就是体形很大,样子可能很吓人,但其实胆子都特别小,而且都特别怕一样东西。"

"什么东西？"

"布娃娃。"（饼饼睡觉时会抱个布娃娃。）

"这个娃娃吗？"

"对，就是这个。那个怪兽本来就很胆小，只要稍微靠近你，布娃娃一巴掌就把它打飞了。"

"飞到哪里去了？"

"飞到外面了。"

"外面的哪里？"

"呃……"

"是飞到A家里了吗？"（A是饼饼幼儿园的朋友，A的家离我们家很近。）

"是的，飞到A家里了。"

"那A就害怕怪兽了啊！"

"不会，A和这个怪兽很熟，她知道它就是长得大，其实胆子很小，而且她还知道，怪兽就是晚上睡不着，想找人哄它，所以A就把怪兽哄睡了。"

这下饼饼彻底放心了。那天晚上，她真的没有再爬上大床找我。当然，我跟她的这些对话不是万用模板，我只是想说，面对孩子假想出来的恐惧对象，理性分析是没用的，我们要跟上他们的思路，一起想象。

解铃还须系铃人

过了一周，饼饼又说害怕怪兽，之前编的胆小怪兽被布娃娃打飞到 A 家里的故事不管用了。

我问她："那你觉得，什么东西可以保护你？"

"蝴蝶。"

"蝴蝶具体怎么保护你呢？"

"蝴蝶站在怪兽的头上，就把它踩扁了！"

"对啊！我怎么忘了啊！"

"可是蝴蝶在哪儿呢？"饼饼接着问。

"厉害的东西平时都不会轻易现身的，你醒着，蝴蝶就隐身，但你一睡着，它就出来了，落在你的床头。"

"床头下面吗？"

我假装回忆了下说："不是下面，是床头上面，右上角那里。"饼饼对这个回答非常满意，进屋睡觉了。爸爸给她讲完睡前故事后，我听到他们在讨论怎么召唤蝴蝶。关灯后，饼饼在里面叫："蝴蝶，你来吧！"召唤了三次以后，里面就安静了。

"蝴蝶打败怪兽"是我自己无论如何都想不出来的。我们大人都默认能打怪兽的东西起码都是有力量的，蝴蝶打怪兽听着就很假。但是，孩子心里没有那么多默认，**把他们心中那个特别厉害的东西找出来**能显奇效，解铃还须系铃人。

容易害怕和谨慎的孩子不是胆小，而是敏锐，他们可以觉察到环境的变化，及早发现潜在的危险。孩子对幻想出来的事物的恐惧，会随着年龄的增长而自动消失，然后迎来下一个恐惧的对象。这就是成长，并不是人们形容的那么无忧无虑。一旦忧虑来了，我们不用把它们挡在门外，而是欢迎它们进来，相互了解一下。等到有一天，孩子长大了，当忧虑再找上他们，他们也知道如何应对。让孩子学会应对恐惧，就是做父母的终极使命。

42 当后果教育变成了"借题发挥"

是自然后果，还是活该自找？

我经常听人说，要让孩子自己承担自然后果，这样才能长记性。

什么是自然后果？下雨了，孩子没带伞，身上又冷又湿，这是自然后果。孩子中午没好好吃饭，下午在外面玩没带吃的，只能饿着肚子，这是自然后果。孩子出门磨蹭，迟到了，没赶上幼儿园的早餐，肚子饿，这是自然后果。但是，很多父母都不甘心让事情到此为止，总想借机进行思想教育，于是就变成这样的对话：

"刚才我是不是提醒你带伞了？你听了吗？现在被雨淋了吧。"

"和你说了多少次好好吃饭，不然下午会饿，你不听我的，现在饿了吧。"

"我早上就告诉你不要磨蹭，你磨蹭到幼儿园都没有早饭了，现在知道我是为你好了吧。"

孩子感受到冷和饿，生活给他们上了一课，这是自然后果。但加上后面这些话，就不再是自然后果了，这是在告诉孩子"你活该自找"。 如果换位思考一下，别人对我们这么说话，我们会觉得他是真心想我们好吗？反正我不会。我会觉得他就是等着我出丑，他就是想强调他有多么正确，证明我有多么蠢。这样的讨论已经转移了话题，和原先事件带来的自然后果没有任何关系。

父母都想让孩子对自己的事负责，又担心袖手旁观让孩子承担后果后，孩子会把气撒到家长身上。孩子有气，气的往往不是自然后果，而是家长的借题发挥。如果孩子没带伞被雨淋了，没好好吃饭饿肚子，出门磨蹭没赶上早餐，家长表达的是同情和理解，关心孩子的感受，然后和孩子商量下次怎么才能避免，我想孩子一定没什么好气的。

没什么逻辑的逻辑后果

孩子小的时候生活经验少，父母不可能什么都袖手旁观，等待生活给孩子上课。我们也有义务去提醒孩子：如果你做了这件事，可能会带来什么后果。比如，出门时提醒孩子，你要是再继续磨蹭下去，迟到了老师可能不让你进教室。他被关在门外，这是自然后果，被关在门外符合妈妈的"警告"，这是逻辑后果。给孩子讲清楚不同选项的逻辑后果，让他们自己选择怎么做，并承担这个选择的自然后果，这是一个完整的逻辑闭环，没有问题。但是，很多人的逻辑后果并没有什么逻辑。《正面管教》这本书提到逻辑后果应该遵循 **4R 原则**：

相关（Related）

尊重（Respectful）

合理（Reasonable）

预先告知（Revealed in advance）

很多时候，我们对孩子的提醒并没有遵循第三个 R——合理（Reasonable）。

有一天早上，饼饼爸爸给饼饼穿裙子，裙子的拉锁和绑带都应该在后面，但是她一定要反着穿，理由是她想看到蝴蝶结。爸爸就说："如果你这样反着穿去幼儿园，大家都会笑话你的。"他想提醒饼饼这样做的逻辑后果是什么，但问题是，这个逻辑后果合理吗？如果看到别人穿反衣服就嘲笑她，这到底是谁的问题？是穿反衣服的人的问题吗？他之前还告诉过孩子，无论怎样，嘲笑别人都是不好的行为。裙子穿反了，最有可能的自然后果是不舒服，脖子被领口卡着，弯腰的时候勒肚子。绑带在前面，可能一不小心就容易把蝴蝶结弄散了。这些都可以成为逻辑后果，而"被人笑话"或许是一种后果，但它是不符合逻辑的后果。

后果教育不是万能的

另外还有一种情况，孩子看到了自然后果，可还是不改，那怎么办呢？

没有一种育儿方法是万能的，自然后果也不适用于所有情况。举个极端的例子，家长不可能看到孩子闯红灯横穿马路时还不阻止，让他尝尝自然后果。家长也不可能看到孩子朝别人扔石头时还不阻止，让他承担自然后果。这类涉及生命安全，会让别人利益受损的事，我们都知道不能用自然后果的方法。其实，还有一类情况也不适用：这个自然后果对孩子并不构成什么困扰。比如，孩子在出门的时候磨蹭，上课迟到了，我们觉得迟到了在众目睽睽之下很难堪，但孩子根本不在乎，那自然后果教育当然就失效了。

我认为更合适的方法是给孩子传递一个信息：按时上课是为了自己不错过上课的内容（自己的利益），也是为了不影响别人（尊重别人），如果每个人都迟到，那么就没法儿上课了。让他们知道，守时其实受益的是自己，不守时还会给别人带来麻烦，而不是依靠一个对孩子并不造成困扰的自然后果。

再比如，晚上不刷牙就睡觉，孩子在短期内看不到任何自然后果，这招当然也会失灵。可以通过和孩子一起读科普书，让他们了解口腔和细菌，知道刷牙的重要性，从而培养刷牙的习惯。否则，孩子当然不会改变。

这些解决方案都只是举例说明，不是标准答案，也不见得对人人都有效。适合自家孩子的方法，一定是由家长自己摸索出来的。方法有很多，后果教育不是万能的，后果教育也不应该是"借题发挥"。

43 当孩子要求父母道歉

饼饼爸爸有严重的"道歉障碍"，不只是他，我想我们大家多多少少都有点儿说不出"对不起"这三个字。可以说，这是一代人的通病，但从来没有谁想着要治一治。

有一次，饼饼爸爸把饼饼从餐椅上抱下来，就在饼饼的脚落地的时候，爸爸的胳膊在饼饼的肚子上撞了一下。"嗷！你把我肚子弄疼了！你怎么不说 Sorry（对不起）啊？就是你弄疼的！你快说sorry啊！"饼饼爸爸实在拗不过，就开始搞怪，吊着嗓子变女声，嘻嘻哈哈地说对不起，一点儿都不严肃。但饼饼不买账，她特别认真地看着爸爸的眼睛说："爸爸，你好好说Sorry。"

饼饼爸爸用搞怪的语调说出来，无非是想让这句"对不起"显得不那么认真，他想用这样的方式暗示他本来就没错。为什么孩子可以比较轻松地说一声"对不起"，而对我们大人来说，这句话却这么难以启齿呢？在我们的成长经历中，道歉有时候等于"领罪"，我们会被揪着责备，会有强烈的羞耻感和愧疚感。我们尽可能回避承认自己错了，不道歉是我们自我防御的一种方式。

有一次，我们一家三口在沙发上打闹，突然我的头发被揪掉了一大缕，我甚至听到头发被薅掉的声音。我心疼地捂着头叫了一声："啊！"这时，饼饼爸爸已经做好"跟我没关系"的准备。饼饼问："是爸爸弄的还是我弄的？"我想了想说："可能是你弄的。"随后，饼饼认真地对我说对不起。她并不清楚怎么弄疼了我以及刚才发生了什么，但她知道，事情的结果是我被弄疼了，可能是她弄的，所以她就向我道了歉。3岁的孩子都明白这个道理：**道不道歉，不是依据你以为发生了什么，而是依据我的感受**。你以为你只是轻轻拍了我一下，可我确实被拍疼了，你就应该向我道歉，而不是辩解"我没有使劲啊"，更不是否定我的感受说"你怎么可能疼呢"。**你以为自己的话没有恶意，不代表我就不会被你**

松弛感唤醒自驱力

的话伤到，你以为你没有那个意思，不代表我不能听出那层意思。

我很反感的一种道歉是以"如果"开场的。"如果你觉得我伤害了你，那我向你道歉。""如果你非要这么觉得，那我向你道歉。""如果你一定要这么理解，那我向你道歉。"这些话的画外音是，"伤害了你"只是个假设前提，"你非要这么觉得"的事我并不认可，"你这么理解"是因为误解了我，虽然我道歉了，但我并没有错。

记得刚来德国念书的时候，我非常不习惯德国人的客气。院长对着话筒讲话，偶尔咳嗽一声或者打个喷嚏，会条件反射似的说对不起。老教授不小心口误，有时只是说错了页码，马上纠正过来，也会跟学生说对不起。原来在任何一方没有犯错的前提下，也可以道歉。道歉不等于认错，不等于领罪，不代表要低声下气。道歉是一种社交能力，也是体现个人修养的语言，是我们应该给自己补上的一课。

44 当父母买不起孩子要的东西

有一次我们带饼饼去散步，路过一栋豪宅时，饼饼问："我们为什么不搬到这里住呢？"饼饼爸爸倒是丝毫不掩饰地说："因为这里的房子太贵了,咱们买不起。"饼饼又问:"那他们为什么买得起?""因为……因为他们工作非常努力……"饼饼打断他问:"那我们家买不起,是因为你和妈妈工作不够努力,对吗?"我接过话说道:"你问到点子上了!努力确实很重要,可以帮你实现一部分想要的生活。但是,努力和财富是不成正比的。意思就是说,你不努力大概率没有钱,但努力了也不一定有钱,没钱不能说明你没努力,你越努力不一定就越有钱……"把饼饼成功绕晕后,我又接着说道:"有没有钱,有多少钱,不是努力就能决定的,还有很多别的原因。比如,出生在什么样的家庭,这是你无法选择的,但几乎决定了你这辈子赚钱是'困难模式'还是'简单模式'。出生在这栋豪宅里的孩子,和出生在废墟里的孩子,他们以后的财富差距,当然不是仅凭是否努力可以决定的。再比如,你看到一些人成功了,尤其是那些巨大的成功,他们当然付出了努力,但是运气的成分经常被严重低估。人都喜欢总结成功经验,喜欢为结果找原因。事实上,一个人的成功是很多因素共同作用的结果,除了能力,也包括我们常说的运气。"

其实,除了起点和运气,还有一个经常被忽略的因素:经济环境。我在德国念书的时候,想在大公司找一份实习的工作。当时正好是经济危机后的萧条期,一个学长劝我,现在经济环境不好,最适合做的事就是读书学习。我当时年轻,觉得他这么说是

松弛养娃——育儿这条路，你不必追着跑

因为自身不够优秀，我肯定能行。但是一直没有合适的职位，我找了半年以后放弃了。一年以后，我又重新开始找实习的工作，这次完全不一样了，只愁合适的职位太多，投不过来。很快就有几家公司打电话让我去面试，我一周内拿到了四个职位的录用通知。在这一年的时间里发生了什么？是我变厉害了吗？并没有。变的是经济环境——经济复苏，行业元气恢复，就业岗位增加。经济环境在很大程度上决定了钱好不好赚，付出的努力有多少回报，就像那句话说的，"时代的一粒灰落在个人头上就是一座山"。

在回家的路上，饼饼突然问我："妈妈，那努力到底有什么用？为什么还要努力学习和工作呢？"我说道："努力当然有用啊！**'起点'是好几代人努力奋斗的结果。'运气'是努力到了一定程度，老天送你的礼物**。而大多数人的努力程度，还不够资格去跟老天要礼物。"饼饼眼睛一亮，说道："所以妈妈，你跟老天要礼物了吗？""我……我觉得我足够努力了，应该可以要一下吧。""那你要礼物的时候，帮我也要个礼物吧！""你想要什么礼物？""我想要一艘邮轮！这样我以后不用努力工作，也可以每天坐邮轮去度假了！"

很多人说，千万别在孩子面前"哭穷"，这会让孩子幼小的心灵承受苦难，变得自卑和抠门儿。所谓在孩子面前"哭穷"，大多数情况就是孩子想买一个超出了家庭经济承受能力的东西，父

母只能如实相告。在我看来，大大方方告诉孩子"买不起"，一点儿毛病都没有。咱们普通人就是会有很多买不起的东西，这并不丢人。"买不起"是个事实，就算我们闭口不提，孩子也早晚会意识到。例如，孩子想要遥控飞行器，家长说"买不起"觉得很内疚，但如果孩子想要豪宅，家长说"买不起"是不是就没有内疚感了？不少家庭可以买得起遥控飞行器，但是豪宅呢，大多数人都买不起，我们买不起也不觉得丢人。所以，"买不起"三个字带来的难堪，根源并不在于金钱的相对匮乏，而是源于虚荣心的作祟。我们可以抛开虚荣心，坦诚地告诉孩子："这个东西咱们现在还买不起，但是爸爸妈妈都在努力工作挣钱，如果你真的很喜欢，等生日的时候送给你当礼物。"**让孩子有个盼头是次要的，重要的是建立成长型思维。"买不起"只是目前的状态，一些愿望可以通过努力达成。**

我个人不赞同的是，把穷和富这类模糊的词挂在嘴边。为什么说穷和富是模糊的呢？穷和富都是相对的，我们觉得很有钱的人，可能在有钱人的圈子里却很穷。穷，是一个连成年人都不能清晰界定的词，怎么指望孩子理解什么叫"咱家穷"呢？咱家不能随随便便买个遥控飞行器，但是作为一年一次的生日礼物，还是可以考虑的，或者租一个遥控飞行器来玩几天也可以承受。如果不说出来这些，孩子是不可能从"咱家穷"三个字中自己参透的。

"买不起"三个字用恰当的方式说出来，既不伤人，也不丢人。**但是，很伤人的一句话是"虽然咱家买不起，但还是给你买了"。站在孩子的立场，买不起是个事实，而"买不起但还是给你买了"是情感绑架。**这句话可能会刺痛很多人。我可以自己苦，但不能苦孩子，真心为孩子付出，怎么就是情感绑架了？真心付出不是绑架，不苦孩子也不是绑架。但有些事情，默默做很感人，一旦说出来就不是那么回事了。

有一次回老家，我在一家炒鸡店坐着等菜，听到邻桌爸爸对儿子说："你这个游戏机相当于我半个月的工钱了，咱家没钱买这些东西，但还是给你买了，你以后要好好学习，孝敬父母……"

不知道孩子拿着游戏机是什么感受。好好学习没毛病，孝敬父母也没毛病，可是跟游戏机有什么关系呢？家长这样说，无非是试图通过"买不起但还是给你买了"强调自己的牺牲，制造一种孩子对父母的亏欠感，然后"要挟"孩子做出相应的回馈，或者让孩子心里觉得愧疚，这不是情感绑架是什么呢？

45 当孩子被异性同学表白

一位读者曾经向我求助。她的女儿上一年级，才开学一个多月就有班上的男生喜欢她,说长大以后要和她结婚。读者问应该怎么引导女儿。

作为同龄女孩的妈妈,我看了心里都咯噔一下,养闺女太费心了!没过多久,我又看到一个养儿子的读者的留言。她说,他们一家参加了一场婚礼,回来以后,儿子和她说:"我觉得我和我的同桌也可以成为一对,我要和她表白。"她的儿子今年三年级,同桌是一个挺可爱的小姑娘。她不想将儿子的这个想法"一竿子打死",毕竟自己这么小的时候也会对喜欢的男孩子有好感,但是她也不鼓励早恋,所以不知道怎么回应。

一年级的孩子被表白,我觉得不用过分担忧。**读者女儿同学所谓的"爱"就约等于"友谊"**。很多小男孩在幼儿园里几乎只和小男孩玩,不懂得怎么表达喜欢跟一个女生玩的感觉。他们可能在生活中接触到了一些和爱情相关的信息,懵懵懂懂的,于是以为那就是爱情,就要和她结婚。这种情况不必过度解读,饼饼还说长大后要和她爸爸结婚呢!建议第一位读者告诉女儿,下次她可以直接大大方方地回应"谢谢你喜欢我,以后我们可以经常一起玩"。**大人应该尝试努力去理解孩子的那种天真烂漫。**

关于三年级的男孩要对同桌表白的这种情况,倒是值得探讨。经常有人提到一个词叫作"三年级现象",意思是孩子在一二年级的时候成绩一般差距不会很大,到了三年级才会出现明显的差距,很多孩子的成绩在三年级会出现拐点。"三年级现象"只说出了孩子成绩的变化,但孩子心理的变化,却经常被忽略。三年级的孩子进入了青春期,第二性征就开始发育了,身体和心理也在经历一个拐点。**青春期的孩子对异性有好感,可能就不再是"混淆了友谊"那么简单。**

我觉得第二位读者的第一反应已经很冷静了。很多人一听到青春期的孩子说这个,就会很紧张,会立马回避道:"小孩儿懂什么!赶紧写作业去!"他们或许还会找老师要求换座位,严防死守,害怕孩子分心影响了学习。孩子每次跟大人说些什么,大人就一门心思地想给他们"指点迷津",好像如果不在"鼓励表白"和"断了念头"里选一个,不去给他们提供人生建议,我们就没有尽到父母义务似的。有人要说,作为家长,我不阻止,难道顺其自然让他们早恋吗?我们也有过青春期,要是都能事事听从父母的话,那就不叫青春期了。

进入青春期的男孩子,还愿意跟家长分享这些小心思,告诉你喜欢哪个女孩,这是个很积极的信号,说明他很信任你,和你聊天有安全感。**保持开放的沟通,比琢磨怎么"指点迷津"更有效。**我们要理解,青春期对异性有好感,这是一个再正常不过的发展阶段了。让他感受到你的理解和接纳,把他的话"接住"。他说喜欢一个女孩,你可以问他喜欢那个女孩的哪一点,他说喜欢那个女孩边说话边笑，样子很可爱，你可以说"难怪呢，笑着说话确实让人觉得很舒服"。这样一来一回对话就展开了，做一个合格的倾诉对象，而不是一个无聊的大人。

如果家长担心的是儿子因为这个分心，影响了学习，那就更不能拿影响学习当理由去反对他。你不反对，他可能过一阵子就忘了；你一反对，倒是激起了他的叛逆心。不如敞开心扉和他聊一聊。比如，他准备为喜欢的女孩做些什么。他可能觉得，喜欢一个女孩就要帮她提东西，给她系鞋带，帮她灌热水。你可以告诉他：喜欢一个人，对她好是本能。但这种方式并不能换来对方的注意，从而喜欢你。想让你喜欢的女孩注意到你，最好的办法就是让自己变得优秀。如果愿意的话，不妨跟儿子分享一下你的青春。告诉他你也喜欢过班里的一个男生，每天放学都故意慢点收拾书包，恰好和这个男生在同一时间走出教室。也可以顺便说一下，最后你们为什么分开了。因为你们没有考上同一所初中，就不能在一起了。目的就是让他认识到，这个年纪的"爱"有很多不确定性，几乎不可能有什么结果，当然也不妨碍这是一段美好的回忆。另外，无论是男孩还是女孩，都别忘了提醒他们，**对异性有好感是正常的，同时与异性交往也要有边界和规矩。在任何时候，都必须尊重对方的感受，尊重别人的边界，并且保护自己的边界。**

46 当孩子担忧死亡

饼饼从四五岁开始，频繁地对我说一句话："妈妈，我不想你死掉，永远永远都不死掉。"每次说到最后，她要么眼泪吧嗒吧嗒地往下掉，要么放声大哭一场。养过孩子的人都知道，这是每个孩子在童年都会经历的死亡焦虑。

中国人普遍避讳谈论死亡，由于死亡这个话题太沉重，很多人不愿意在孩子面前提起，尤其是老人会觉得很晦气。死亡本身很沉重，但也很现实。我们不谈论它，不代表它不会来；我们不面对它，不代表它不存在。

死亡教育是我们这代人缺乏的重要一课，不要等到迫不得已了才和孩子聊死亡。那么，怎么和孩子聊这个话题呢？

不要说善意的谎言

关于死亡，四五岁的孩子问的第一个问题常常是"妈妈你会不会死"或者"我会不会死"。饼饼跳过了这类问题，她直接对我寄予了一个不切实际的厚望：妈妈，我不想你死掉。换句话说，她是在默认"妈妈有一天会死"的前提下说出的这句话。我知道德国幼儿园老师会给孩子进行死亡教育，这个话题对她来说并不陌生。饼饼3岁多的时候，有一天放学给我总结道："妈妈，等我长大了，你和爸爸就老了；等我老了，你俩就死了。"说这话的时候，她蹦蹦跳跳，开心极了，语气里似乎还有点儿期待。3岁的孩子还不理解死亡意味着什么，但仅仅一年后，他们就可以从死亡中感到恐惧和不安。即便我们避讳讨论，从来不和孩子提这个词，他们也一定会从各种渠道得知关于死亡的信息，随之而来的就是死亡焦虑。隐约记得小时候，一个同学的爸爸因为车祸去世了，我回家就问我妈："你有一天也会死吗？"我妈说："放心，不会的，绝对不会死的。"

大人喜欢对孩子说一些善意的谎言，其实这是一个拖延战术。他们不知道当下如何回答，往往认为孩子长大以后自然就懂了。但是，拖延战术并不能消除问题。孩子很快就会意识到每个人都会死，爸爸妈妈也不例外，自己也不例外。

从他们意识到这些，到他们真正长大，可以消除死亡焦虑，中间还有一个非常漫长的过程。在这期间，除了对死亡的恐惧，可能还有对父母的不信任——父母那么信誓旦旦地说自己不会死，但事实并不是这样的，这让孩子怎么能放心。所以，德国的幼儿园老师建议，**和孩子谈论死亡，最开始就要告诉他们真相，让他们早一点儿、慢一点儿去接受和消化这个事实，提前做好心理准备。**

不要浪漫化死亡

中国人说话比较含蓄，和孩子解释亲人离世或者谈论死亡时，总是喜欢将其美化，并赋予其"浪漫主义的色彩"，比如"睡着了""去天堂了""变成天上的星星了""去另一个更好的世界了"……

饼饼上的是教会幼儿园，但老师在给孩子讲述死亡的时候，也不会掺进宗教色彩。他们非常现实地告诉孩子，人死了就是身体停止工作了，不再呼吸，不能吃饭，不能说话，不能走路。我知道，很多人担心这么说太冷酷了，害怕孩子会难过，所以更想给孩子留一个心理寄托，让他们觉得亲人没有完全离开，而是变成了星星，在天上看着孩子。但是，这样说并不能真正缓解孩子的死亡焦虑。我问过饼饼，为什么会担心妈妈死掉，她说："那样我就看不到你了，我难过的时候也不能抱你了。"孩子怕的是"以后看不到你""不能抱你"，即便"变成天上的星星"或是"去另一个更好的世界"，他们也没有办法再看到父母，再抱抱父母了。而且，这种含糊的说法会让孩子感到困惑，抱有一些不现实的幻想，比如期待死去的亲人醒来，等待天上的亲人回来。在我看来，这种注定不会有结果的期待，对孩子来说是更加残忍的事。

用真诚的言语安慰孩子

饼饼哽咽着对我说:"妈妈,我不想你死。"我抱着她说:"每个人都会死。不光是人,只要是有生命的,最后都会死。"为了调节气氛,我又补充说:"如果妈妈是一张桌子、一个水壶、一张床单,那我就不会死,因为这些东西没有生命。但是它们也很无聊,不会说话也不会笑。"我继续说,"人会死,但一般也不是那么容易死的,你看大街上的人,都活得好好的,对吧?妈妈会死,那是很久很久之后的事了,久到你现在连想都不用想。"她带着哭腔打断我说:"可是我永远永远都不想你死!很久很久之后也不死,我想你一直活着,活一百年,一千年也不死……""我要是活到那个时候,就成妖精了!不过,虽然活不了那么久,但我还是会努力保重身体,活得更久一些,一直到你都变成老太太了,不需要我了。"听到这里,饼饼开始吧嗒吧嗒地掉眼泪。她固执地说:"我需要你,我永远永远都需要你!""好的,那我就一直活到你不需要我了,只要你还需要我,我就不死,这样行不行?""我需要你,我一直需要你!""好的,我在,只要你需要我,我一直都在!"

写到这里,我已经泪流满面了,但还是想插一句,不要利用孩子对死亡的恐惧,去控制他们的行为。比如,有些人习惯说"你少气妈妈,妈妈就不用死了!""你好好学习,妈妈就能活久

松弛感唤醒自驱力

一点儿！",这样不仅不能帮到他们,还会加剧他们的死亡焦虑。尤其是内向的孩子会容易自我归因,觉得亲人的离世都是因为自己不够好。

探讨死亡的意义

饼饼5岁多的时候,心里已经很清楚人固有一死。我知道,她执着地要求我不死,其实只是在寻求我的情感支持,让我知道她有多么难过,多么不想让这件事发生。孩子需要表达悲伤,情绪需要出口。他们很难用有限的能力去消化死亡这个沉重的话题,总会表现出一些偏执。很多人这时候想办法转移注意力,用别的话题哄孩子开心,我觉得这是没必要的。

情绪需要疏导而非堵截。大声哭出来,把伤心的感受说出来,把情绪宣泄出来,这是一个很健康的方式,并不是哭着收场就代表没处理好问题。饼饼哭的时候,我拥抱她,抚摸她的背,陪着她一直到哭完了,她情绪好转,然后一起读绘本,帮她平复情绪。

孩子的情绪来得快,走得也快,等她的情绪明显变好后,第二天的白天,我又和她重提了这件事。我对她说:"你是不是觉得,如果人能永远活着就好了?为什么人一定要死呢,对不对?"她点头。"妈妈以前也这么想过,现在我想明白了,这是为了让我们珍惜现在活着的每一天,珍惜在一起的日子,做更多有意思的事。

生命有限，所以才更显得珍贵。"她若有所思地点点头。和孩子聊完，不代表孩子对死亡的焦虑就没有了。他们一定还会反反复复追问，直到可以独自消化和接纳死亡这件事。这就是成长啊。

Part 9 第九部分
放权：怎么养出松弛的孩子

47 为什么不要做"直升机父母"？

近几年，"直升机父母"（helicopter parents）这个词很流行，名字很有画面感。像直升机一样盘旋在孩子头上，过分介入孩子的生活，我把这样的养育风格叫作微观教养（micro-parenting）。这种叫法源自微观管理（micro-managing），指管理者恨不得让员工汇报工作精确到分钟，是一种短期很有效，但长期绝对失败的模式。我所说的微观教养指的是父母事无巨细地控制孩子，大事小事一把抓，总试图用自己的人生经验左右孩子的决定。其实想一想，我们每个人都有微观教养的倾向：孩子吃什么喝什么，吃

松弛养娃——育儿这条路，你不必追着跑

多少喝多少，喝冷水还是喝热水，穿红的还是穿绿的，先穿袜子还是先穿裤子，裤腿塞进袜子里还是放在袜子外，擦屁股用几格厕纸，洗手液按几下等，从早到晚，事必躬亲，我们太操心了！

  我在德国幼儿园看到的是，老师对1岁多的孩子就适度放权，只要不影响安全和健康，那就尽量不干涉。饼饼刚去幼儿园时，有一天我去接她，发现她的舌头上和牙缝里都是沙子。我找到老师，想请老师多注意一下，但又不知如何体面地说出来。我刚开口说了前半句"我看到她嘴里有好多沙子"，然后就不知如何说下去了。花园那么大，孩子那么多，老师就那么几个，孩子把沙子塞进嘴里，前后也就是一秒钟的工夫，老师很难看住。没等我想好怎么说后半句，老师就先发话了："可不是嘛！小朋友们都特别喜欢吃沙子！"其实我也知道，从健康角度讲，吃沙子本身对身体的危害并不大。沙子不能被消化，吃进去什么样，拉出来还是什么样；况且孩子们也不傻，不会拿沙子当饭吃，沙子进到嘴里后并不舒服，孩子们会吐掉，至于吃进去的极少量的细沙，也许还能研磨食物，帮助消化呢。但当时我就很难接受，饼饼小月龄时每次去沙坑，我都严防死守，一看到她有吃沙子的预兆，就会把她的胳膊拉开。实际上，吃沙子的行为只是引起了家长的心理不适，于是家长就去干涉和阻止，这就是前面提到的微观教养，反过来，就是放权。

饼饼刚学会用马桶时，总是用很多卫生纸，掉在地上弄脏了只能丢掉。饼饼爸爸就在旁边提醒她说："小便用两格纸就够了，一次只撕一格。"这个提醒还是很正面的。我性子比较急，经常脱口而出就是"不要用那么多纸！好浪费！"。但仔细想想，什么叫"那么多"？浪费的临界点在哪儿？浪费的标准是什么？恐怕我们自己也很难说清楚。后来，饼饼知道用卫生纸的时候要克制，但有时还是会多撕几格，饼饼爸爸依然习惯性地念叨"一次只撕一格"。我跟饼饼爸爸说："上厕所一次用几格卫生纸，真的没那么重要。你现在已经不是在制止浪费了，是在微观教养，这会让饼饼觉得没有任何自主权，在家里干什么都被管得很严，甚至连擦屁股用多少卫生纸的自由都没有。"

我也在时刻提醒自己：避免微观教养。每次我想去多管闲事的时候，我就提醒自己不要管太多。用"我相信你可以自己认真洗手"代替"你洗手液打太少了，你都没怎么好好搓，手指缝也得搓，手上的泡泡都没洗掉，手腕洗没洗"。用"我相信你可以穿好袜子、穿好鞋"代替"你袜子脚后跟都没提好，你的裤腿不要塞到袜子里，你又忘了怎么分左右鞋了"。用"我相信你可以自己吃好饭"代替"蔬菜也要吃，不能挑食，吃的时候不要东张西望，别用手拿着吃"。放权，减少微观教养，就是从学会闭嘴开始。

48 为什么放权后，孩子反而更自律？

我在德国做金融的时候，就遇到过"大家长"式的管理风格的领导，她的掌控欲太强，让下属觉得自己就是一个执行的手，是她的"追随者"。"领导者—追随者"的团队模式，短期效果很好，但长期是失败的。"追随者"会变成尽职的机器，不再动脑子，更不要说追求创新和卓越。因为他们知道，每一次动脑子都要承担风险，创新和变革意味着犯错，而犯错是"追随者"非常畏惧的事。

一个健康的团队，一定是"领导者—领导者"模式。谁也不追随谁，谁也不管理谁，每个人都是领导者，每个人都像创业者一样思考。创业者关心的是如何追求卓越，而不是怎么减少错误。

养孩子更是要懂得放权。提到放权，很多父母就会开始担忧：小孩子懂什么？他们能行吗？放权还得了？岂不是乱套了？无论是管理者还是养育者，放权最大的障碍莫过于他们的心理障碍。抛开对能力的怀疑，最主要的顾虑就是担心孩子滥用权利。事实上，放权给孩子，他们不但不会滥用，反而会让他们更加自律。**信任孩子，不矮化孩子，是自驱型成长的基础**。

在放权方面，我的父母可以说是思想超前的正面案例。上小学时，在我的印象中，好朋友的零花钱都是按天给，一天五毛钱，多的一块钱。我的父母却一次性给我一年的零花钱。每年新年，爸爸就去银行换一沓新钱，把一百张一块钱放在一个信封里。他唯一提醒我的是，"新的钱容易吸在一起，用的时候多捻一捻，别把两张当一张用了"。至于我买了什么，花多少钱买的，还剩多少钱，他们一律不过问。最开始，我也经历了花钱如流水的阶段，果丹皮一捆一捆地买，买电子宠物花了二十几块钱，还买过一块画着女明星头像的翻盖手表，花了三十几块，两周后手表就坏了。后半年，信封里的钱只剩几张了，我就挑便宜的零食买，每天放学买一毛钱一袋的无花果，看着同学可以买五毛钱的干脆面和一块钱的高级话梅，我百爪挠心。我的父母其实没有强调过"今年的钱花完就没了"，但他们总在新年当天给我装满了零花钱的信封，这似乎成了一个很有仪式感的传统。我心里自然觉得普通的一天是没有新零花钱可拿的。等到下一个新年，拿到新的信封，我也会"放飞"几天，但很快就能回忆起羡慕别人吃干脆面的日子，就会收敛很多。两三年后，每年的零花钱不仅够用，我还能攒下一部分，父母每年给我的零花钱也越来越多。

上大学后，父母也是以年为单位给我生活费。我身边的同学几乎都是以月为单位领生活费，他们在父母的控制下依然提前"月光"，不得不向我借钱度过月末的几天。高中毕业后，来德国前，我在北京学德语。那时候，我经常借钱给同学。不是我家有钱，正好相反，问我借钱的那些同学，大多数家庭条件都比我好。毕竟都是第一次离家，爸妈怕孩子乱花钱，每月在固定时间给他们打生活费，决不宽限提前，想用这种方式"倒逼"他们算计着花钱。但这并不妨碍十七八岁的孩子乱花钱，月初风光，月中拮据，月底没钱了就问我借。下月初爸妈打了生活费，先还上我的钱，再风光几天，然后又是新一轮的拮据和借钱。

我爸妈不一样，他们一次会给我打一年的生活费。其实"一年的生活费"并不准确，因为他们对期限只字未提，我自己计划着用，吃穿上不需要省，用完再给我打。我出生在二线城市普通家庭，爸妈不是老板，没有副业，每月领工资。他们没有金融背景，也没有培养财商的意识，但他们在生活费上的放权，并没有让我滥用这个权利，反而让我精打细算，在金钱上更有规划，对物欲更加节制。

为了管好自己的账，知道钱都花哪儿了，我从第一年离家，直到来德国读书，都保持着记账的习惯。有一次，我回姥姥家，临回学校时，我姥姥给了我二百块钱。第二天跟我妈聊天，我说我把钱存起来了。我妈笑我说："你怎么跟守财奴似的，二百块钱还往银行里存。"我说因为近期真的没什么特别需要的东西要买，放在钱包里也是放，存在银行还有利息。

我并不是想提供一种模式或公式，因为真的没有万能公式——金钱观没有，任何事上都没有。放权不是今天读到一篇文章后，明天就要对孩子放权了，然后期待孩子在一夜之间拥有内驱力，更加自律。在放权之前，一定会有漫长的铺垫和积累过程，如果常年对孩子管得很严，突然放权，那么很可能会导致失控的后果。

49 为什么爱会变成孩子的压力？

我之前读过心理学家陈默的一篇文章。她写道："来我这里接受咨询的孩子，只要我提到一句话，孩子们都会流泪——你考不到理想的大学，会觉得实在对不起你的家长，因为他们对你太好了，是不是？但是父母不知道为什么孩子们听到这句话会流泪。"现在的父母和老人把所有的爱和希望都集中在孩子身上，六个人爱一个人，对孩子来说就是一种情感负担，他们的压力太大了。有人要说，现在的孩子就是太脆弱、太矫情，怎么爱他还成害他了？这就是问题所在。按照传统的观点，爱我的人肯定都想我好。正因如此，爱我的人为了成全我，会牺牲很多自身的利益。人都本能地想报恩，你对我好，我也想对你好，孩子也不例外。但是，随着孩子慢慢长大，到了青春期，他们就会发现，报恩一时间很难实现。在很多家庭中，父母唯一的期待就是孩子成绩好，考个好学校，这是孩子觉得唯一能够报恩的途径。如果这个期待不能被满足，孩子就会在潜意识里觉得自己欠了一笔还不起的债，这对他们来说是巨大的心理负担。于是，他们焦虑、紧张、内疚、自责，承受着巨大的压力，听到开始讲的那一句话就会流泪。

我之前看过一个特殊的德国采访节目，受访者是法兰克福火车站区的吸毒者，其中不乏二十岁出头的女孩，她们讲述了自己的成长经历和家庭状况。很多人都会认为，这些孩子小小年纪就走上歪路，肯定是由于父母在成长中严重缺位，孩子从小得不到家庭的关注和疼爱。事实并不是这样。其中一个受访者说，她有世界上最好的父母。她的父母给了她和她兄弟们所有的爱，他们想要什么，父母就给他们什么，但是，她觉得父母给的太多了，他们被照顾得太好了。和每个青春期的孩子一样，这个姑娘也想做一些出格的事，比如在16岁的生日会上喝酒——这是她妈妈明令禁止的。于是，她买了所有能买到的酒。她说当然要这么做了，因为这是被禁止的。这就是父母们不能理解的。她的父母没有错，他们做了所有正确的事情，但也全都做错了。在采访结束之前，她告诫屏幕前所有的父母："如果你总是告诉孩子，不要干这个，不要干那个，为什么要这样，为什么不那样，那你就等于把孩子从身边推开了。"

我们经常会说孩子是大树，爱是养料，只要给孩子足够的爱，他们自然就会向上生长。这句话听上去很有道理，其实只说对了一半。树，只有养料是活不了的，它还需要空气、水和阳光。如果爱是养料，那么空气、水和阳光就是理解、尊重和信任。

有人可能会反问我："你家孩子还小，等以后她不想写作业，难道你也尊重她、理解她，不想写就不写吗？"我也想反问他："为什么做什么事情都要走极端呢？这中间不是还有个过渡地带吗？"应该让孩子明白，他们可以有不同的选择，而带来的后果可能会截然不同，然后把选择权交给他们，因为学习是他们应该自己负责的事。当一个人被信任，被赋予了选择的权利，他就会被激发出潜力，主动地去吸收大量的知识。

从上大学开始我就有理财意识，我会做规划，每个月的实习工资除去生活费，我会拿出一部分钱做投资。在德国留学的后半段时间，我没有再向家里要生活费，基本可以自给自足。我的父母从来都没教过我理财，我在这方面的知识都是通过自发学习获得的。他们给予我的全部财商教育，归结起来就是两个字：信任。从我离开家上学，他们就会一次性给我一大笔钱，也没规定必须用多久，完全是由我自己来分配。我需要自己负责这笔钱，所以花得特别有计划性。

每个孩子都想把生活过得有条不紊，家长越是信任他们，他们就会被激发出越多的潜力。

一个人被赋予了信任，就会自动抵御诱惑，因为他自己的脑子里始终绷了一根弦——父母不管这事，我自己可得多上心。如果家长总是替他做决定、辨是非，他就会想，反正有父母帮我操心呢，最后的结果很可能是**家长越担心他走弯路，他就越容易走弯路**。

理解、尊重、信任，往往因为看不到短期的功效而被忽略。因为不理解，所以过度禁止；因为不尊重，所以要求顺从；因为不信任，所以横加控制。尽管不理解、不尊重、不信任，但同时又很爱孩子，于是给孩子绑定了"被爱的义务"，体现在"我都是为了你好，你就应该听我的话"，结果孩子往往是被爱伤害。爱可以治愈一个人，同样也可以毁掉一个人——这在任何一种亲密关系中都适用。

50 为什么越唠叨，孩子越不听？

有一个朋友经常和我抱怨孩子磨蹭，孩子八点起床，十点都出不了门，怎么说都改不了这个毛病。我听了以后很同情她。可是上周末，我们一起带着孩子去了动物园后，我就不再同情她，而是开始同情她的孩子。几乎每隔五分钟,她都会对孩子说一句"快,快,快",或者要求孩子快点做什么,哪怕这件事根本就不用着急做。

比如,我们在门口排队,前面的人往前挪了一步,朋友就会催道:"来,快,快,快点往前走一步!"然后孩子慢腾腾地往前挪了一步。后来,我们又去游乐场玩。临回家,朋友又催孩子说:"快收拾你的东西,戴上头盔。你的滑板车呢?把车骑过来,快点……"

我问她是否着急回去吃饭,她说:"没有,孩子爸爸估计还没做好饭呢。但她干什么都慢,我得一直催着点,催还慢呢,不催更慢……"

我们站在旁观者的角度,当然都很清醒,这个妈妈太唠叨了。如果孩子每天听到上百次"快点",那么"快点"这个词就不具备任何意义了。她想让孩子快点,孩子偏偏慢着来,不是故意气她,而是孩子对于"快点"的催促已经变得麻木,仿佛没有听见一般。

心理学上有个词叫"妈妈的聋子",这是儿童心理学家鲁道夫·德雷克斯提出来的。**"妈妈的聋子"的意思是,妈妈一直在孩子的耳边唠叨,不断重复地给他讲道理,孩子就会自动屏蔽掉这些声音。**按照咱们大人的思路,一件事唠叨的次数越多,孩子应该记得越牢。德雷克斯却不这样认为。他认为,唠叨的次数越多,孩子越不当回事，面对父母的反复念叨，孩子就像聋了一样。

除了"妈妈的聋子"，还有一个词叫"赶苍蝇"。"赶苍蝇"指的是孩子对待家长的唠叨就像赶苍蝇一样。苍蝇在身边飞，嗡嗡嗡，人们觉得好烦，抬起手摆两下，把它赶走。

我自己也会一不小心开启"苍蝇模式"。有一次去逛家具城，里面有那种宽宽的旋转扶梯，饼饼一只手拉着爸爸，另一只手摸着扶梯扶手下去。看到这一幕，我脑子里马上蹦出了两句话："手别乱摸，扶手太脏啦！坐个扶梯，怎么手一定要摸点什么呢？"我被这两句话吓了一跳，强制自己闭嘴不说。小时候，我摸着扶手上下扶梯，我妈在后面就会大喊这两句话，摸一次喊一次。那时候我觉得太烦了，心想等以后我有了孩子，决不会像她一样唠叨。但真的有了自己的孩子，看到类似的情景，这两句话就像条件反射一样出现在脑子里。对此，我总结了一个方法：按下暂停键，从旁观者的角度看这一幕。假如我是家具店的店员，或者我是落在墙上的一只苍蝇，此刻我看到了什么？前面有一个孩子，一边下楼一边摸扶手。后面的妈妈用嫌弃的眼神盯着孩子的手。但是，扶手真的那么脏吗？下楼摸扶手属于"乱摸"吗？谁规定下楼的时候双手必须自然下垂，不能摸扶手呢？暂停"苍蝇模式"，跳出场景看问题，我发现孩子没有问题，是大人的问题。

我们下意识地纠正孩子的行为，经常不是因为行为多么不妥，只是因为家长看不顺眼、不能理解，或者觉得孩子的行为给自己带来了麻烦。这些都是家长的课题。晚饭后，通常是我们全家雷打不动的桌游时间，有一阵子，饼饼突然说不想玩了。我问她为什么，她也不说。后来，等她心情好的时候，我旁敲侧击地问她才知道，因为她每次不小心把桌游零件弄到沙发底下，我都会指责她。不知道别的孩子玩桌游是什么样，饼饼特别喜欢把一些赢了的小零件攥在手里，生怕别人偷走似的。孩子的手本来就小，还要继续扔骰子、走棋子，饼饼一不小心，手里的零件就会掉在地上，不知道滚到哪里。为此，我真的很烦。每次都是我趴在地上帮她找，打着手电筒从沙发底下掏，大热天的，弄得我一身汗。我提醒了她几次："小零件不要攥在手里，掉在沙发底下又不好找了，放在桌子上多好，又没有人会偷……"她不听。我继续晓之以理地说："你把零件攥在手里，零件很容易就掉在地上，滚到沙发底下。找东西会打断我们玩桌游，你一定不想这样，对吗？"她还是不听。这样的话说得多了，把她说烦了，她就干脆不玩了。我的逻辑是只要把零件放在桌子上而不是让饼饼攥在手里，我就不用担心零件会掉；但饼饼的逻辑是不玩桌游零件就不会掉，她也就不会被我唠叨。

得知是这个原因，我决定把主动权交给她，我说："零件攥在手里也是可以的，但你能不能保证不让它们掉到沙发底下呢？"

她目光坚定地说："不能。"

"那你说怎么办？我也不想总是趴在地上从沙发底下掏零件啊！"

"我可以自己掏啊！"

"可是你胳膊短，够不着啊！"

"我可以的！"

"行吧。"

我带着情绪妥协了，决定下次我不捡了，让饼饼捡。然后，我发现她每次都能想办法把零件掏出来。有时候零件滚得太远了，饼饼够不着，她就跑去别的房间，拿个长的东西钩出来。更重要的是，她并不觉得这是一个负担，不会像我那样气呼呼地掏，即便很费劲，也没有一句抱怨。

其实，从一开始饼饼就没有让我帮她，一直是我想赶快把问题解决掉，自作多情地帮她，内心却不是心甘情愿的。我觉得她给我添了麻烦，所以一心想纠正她的这个根本无关对错的行为，自始至终都是我在这个问题中"唱独角戏"。有时候不是孩子不懂事，是我们的要求太多了。

51 什么是我的育儿优先级?

在饼饼小月龄的时候,身边常有妈妈意味深长地对我说:"你现在不焦虑是因为孩子还小,等孩子大一点儿了,同龄孩子都开始学这学那了,你就开始着急了。"现在饼饼上学了,从识字、算数、掌握的词汇量上看,她在同龄人里一点儿都不出众。但我还真没着急,因为这些从来都不是我的育儿优先级。那么,什么是我的育儿优先级呢?

"与自己相处"大于"与目标相处"

现在的新中产阶级明明拥有很多,但很多人觉得自己不快乐。不快乐是因为不甘和不安。不甘的是别人比我拥有的更多,不安的是我能不能让下一代拥有的更多。**不甘和不安,说到底是因为眼里只有"与目标相处"这一件事,从来没学会怎么"与自己相处"。**与自己相处,说得具体点,我觉得就是这么几个问题:你怎么评价自己?你觉得自己足够好吗?你喜欢自己吗?你是否愿意为自己的健康和才识进行投资呢?你觉得自己的感受重要吗?你觉得自己值得拥有好的生活吗?有些人可能觉得这些问题是无病呻吟,但在我的育儿观里,这比认识多少字、会算几加几、会背多少首诗的优先级要高得多,我也非常庆幸自己是这么做的。

我是在 30 岁之后才开始学会审视自己的感受，重视对自己的评价，而不在意别人怎么说。在这方面，5 岁的饼饼已经是我的榜样了。她似乎对自己有一个非常坚定的基准评价，别人很难轻易用几句话让她否定自己。

有一次在生日聚会中，饼饼跑到我跟前，悄悄指着一个女孩说："妈妈，她说我画画不好看，她说只有她画得好看。"我愣了一下，说道："你们刚才不是在吃蛋糕吗？怎么说起画画了呢？"饼饼和我解释，这话不是刚才说的，是很早之前在幼儿园里说的。那个女孩是隔壁班的，平时她们不经常见面，当时饼饼转眼就忘了她说的话，也没和我提起来。这会儿在生日聚会上又见到，饼饼回想起来，才跑过来跟我说。我问饼饼："她说你画得不好看，那你怎么觉得呢？""我觉得她说得不对！我觉得我画的画很好看。"我说："是啊，我也这么觉得！其实好不好看，一个人有一个人的看法，有人觉得你画得好看，有人觉得你画得不好看，都是很正常的，关键是……"饼饼抢答说："关键是我怎么觉得，我怎么觉得最重要！"听到这个答案，我真心觉得这些年在生活中接纳她的感受，尊重她的选择，把"关键是你喜不喜欢""重要的是你怎么想"挂在嘴边，我做的这些都没有白费功夫。否定和负面评价会让人感到受伤，但不管别人是出于什么目的，我们都没法儿改变别人，这是别人的课题。我们的课题是改变自己对这些评价的态度，不让别人的言语影响到自我评价。

接纳性格，而不是改造

饼饼是个慢热、谨慎、内向的孩子。作为话剧的群演，别的孩子都蹿上台蹦蹦跳跳，她常常在原处不动，远远地观望。看儿童剧时，别的孩子都是自己坐在前面，她一定要坐在我的腿上。上兴趣班时，别的家长把孩子送到教室就走，就我一个人在更衣室等着，因为她需要"精神支柱"。幼儿园放学，别的孩子都和老师亲切热情地说再见，而饼饼在老师的道别声中，面无表情地径直走出大门。

面对饼饼的这些做法，我没有选择改造她的性格，而是**接纳了她性格原本的样子，给她足够的时间，找到她觉得舒适的状态**。每次提到饼饼的慢热内向性格，就会有人说你别给孩子贴负面标签。说实话，当我说起这几个词时，我从来没觉得它们是负面的。慢热内向也一点儿没影响她的社交能力。相反，应该改变的不是内向的孩子，而是那些认为内向的孩子需要被改变的人。

我自己是偏内向的性格，不喜欢人多，超过三个人的聚会对我来说是负担。别人热热闹闹，我只觉得吵闹。直到毕业参加第一份工作，我都在假装外向，勉强自己参与令我不舒服的社交。因为自己难受过，别扭过，所以到了饼饼这里，我从一开始就想让她知道，如果有人要求她变得外向，变成别人期待的性格，可以告诉他："我是一半谨慎、一半放肆，一半害羞、一半热情的孩子。"在她觉得舒服和安全的环境里，她放声大笑，放肆搞怪；在不太熟悉的环境里，她马上变得谨慎、拘束。这两面加起来才是完整的她，少了哪一半都不是她。

忘掉"为母则强"

饼饼刚刚出生的时候，我就接收到了一个非常错误的观念：作为妈妈必须坚强。

我生孩子大出血，昏过去两次，出院后又需要做清宫手术。所以，在孩子生下来的头三个月里，我的脸上都是没有血色的，站立超过十分钟我就会头晕。助产士来家里探访，教我们给新生儿洗澡，我那会儿恰好站满了十分钟，躺在床上起不来。我和她说："你教爸爸，我实在是不行了。"她很吃惊地看着我说："你是妈妈，你不能说不行，你必须行！"我当时还是太年轻了，听了这话居然感觉像被打了鸡血一样，咬着牙起来，差点儿就昏倒在澡盆前。**人类的悲欢并不相通，别人不会了解我们的处境，没有人可以要求我们坚强。**就是因为我是妈妈，所以我在虚弱的时候不能硬撑，我必须先照顾好自己，才能照顾好孩子。可能是因为这个经历，我特别讨厌别人说"为母则强"这个词。我勉强接受用它形容一个坚强的妈妈，但不接受用它道德绑架一个妈妈。"我的感受很重要"，这句话对我们自己也适用。

我越来越觉得，与其寻找一个个养育问题的具体答案，不如想清楚什么是自己的育儿优先级，把握住一些核心的东西，就不会偏得太离谱。

52 孩子终其一生追求的东西

我之前在视频里提到，我给孩子安排学习和活动不会安排得满满登登，因为完成目标从来都不是我的育儿优先级。有人找到饼饼拉小提琴的视频说："那让孩子学小提琴算什么？"对于这样的留言，我不仅不删，还会截图保存下来当素材。我相信他不是故意针对我。我想这更多反映了一种非黑即白的思维模式。中国古代哲学家很讲究平衡、中庸。这是属于我们中国人的文化印记，可惜现代人慢慢忘掉了，喜欢从一个极端跳到另一个极端。一件事不是救命稻草，就是万恶之源。事实上，**在"过度教育"和"放任自流"中间有相当大的过渡地带——"理性地托举"**。怎么算理性呢？界限又在哪里呢？我认为是做到六个字：平衡，赋权，全人。

"**平衡**"**就是给孩子足够的时间玩耍，接触大自然**。孩子在学校里端坐着学习，这是社会对他们的要求。作为父母必须知道，这样的秩序性活动并不符合儿童的天性。所以，孩子在经历了一天的秩序性活动后，应该有一些非秩序性活动的机会。

"**赋权**"**就是把选择权尽量交给孩子，让孩子学会为自己的人生负责**。要相信，一个感受到被父母信任、有权利掌控自己生活的孩子，不会把自己的日子过得一团糟。人都希望自己的生活有条不紊，孩子也一样，前提是没有被过度安排一切。

"**全人**"**就是把孩子当成完整的人。不拿成绩这种单一的标准评判他们，不以牺牲身心健康来换取更高的分数**。在平衡、赋权、全人的前提下，让孩子学习知识、学习乐器，为什么要拒绝呢？与其讨论什么是"过度教育"的范畴，不如讨论孩子终其一生追求的东西是什么。

成就感

搞懂一道数学题，写出一篇好作文，这都是从学习中获得的成就感。有人说，我家孩子不爱学习，他的成就感上哪儿去找？我想说的是，**没有孩子不爱学习**。所谓的不爱学习，只是不爱学校里教的知识。仔细想一想，一定能找到他热爱研究的东西。比如，**对拆小电器感兴趣，对火箭模型着迷，对飞机型号如数家**

珍，对虫子情有独钟，对奥特曼了如指掌……这些都可以是成就感的来源。就怕大人撂下一句"研究这些有什么用？考试又不会考"。在我陪饼饼学小提琴的大半年时间里，不得不承认，饼饼确实没有这方面的天赋。没天赋，不开窍，努力程度也不够，这样学下去，压根儿学不出什么名堂，我心里太有数了。即便是这样，我也不认为现在的课白上了，钱白花了。因为她在练琴的过程中获得了成就感。一首曲子通过反复练习，从生疏到流畅，她自己感觉非常自豪，有时候甚至会主动要求多练习两遍，沉浸在进步的喜悦中无法自拔。不考级、不比赛，饼饼在学习过程中获得的成就感，已经让我看到了意义。

价值感

说到实现自我价值，很多人觉得必须功成名就，有社会地位，受人尊敬，才能成为一个有价值的人。这是一种误解，就像我在37岁生日感言里写的："价值感不是从外部成就中获得。外部成就带给人的那些'价值感'都是假的，它们今天能给你价值，明天就能摧毁你的价值，因为外部成就是极不稳定的。如果把价值感和一个不稳定的因素绑定，那么人的自尊体系也会变得不稳定。价值感和成就无关，更多的是从一个人本身的特质中获得。我们的善良、真诚、努力，我们为这个世界带来的美好，我们的存在对他人的意义，这些都是价值感的来源。"

归属感

归属感就是让孩子知道，家里有人爱我。我被不公平对待的时候，家人站在我这边，和我一致对外。我做得不好的时候，家人不是数落我、贬低我，而是接纳我不是个完美的孩子。我曾刷到过一个短视频，在高铁里一个孩子说话的声音稍微大了点，父亲上去就是一巴掌，吼他不要影响别人。孩子说话的音量到底大到什么程度，视频里不好判断，但父亲那一嗓子绝对比孩子的声音大多了。点开视频下面的评论，一边倒都是给父亲点赞的。说实话，无论是父亲的行为还是网友的评论，我都觉得非常扭曲。好像必须拿出一副大义灭亲的样子对待孩子，才能显示出自己是个管教孩子的家长。这叫管教孩子吗？这叫欺负孩子。这个孩子在家里是没有归属感的。家人应该给孩子安全感，而不是在孩子犯错的时候，在众人面前把孩子的尊严踩在脚下。